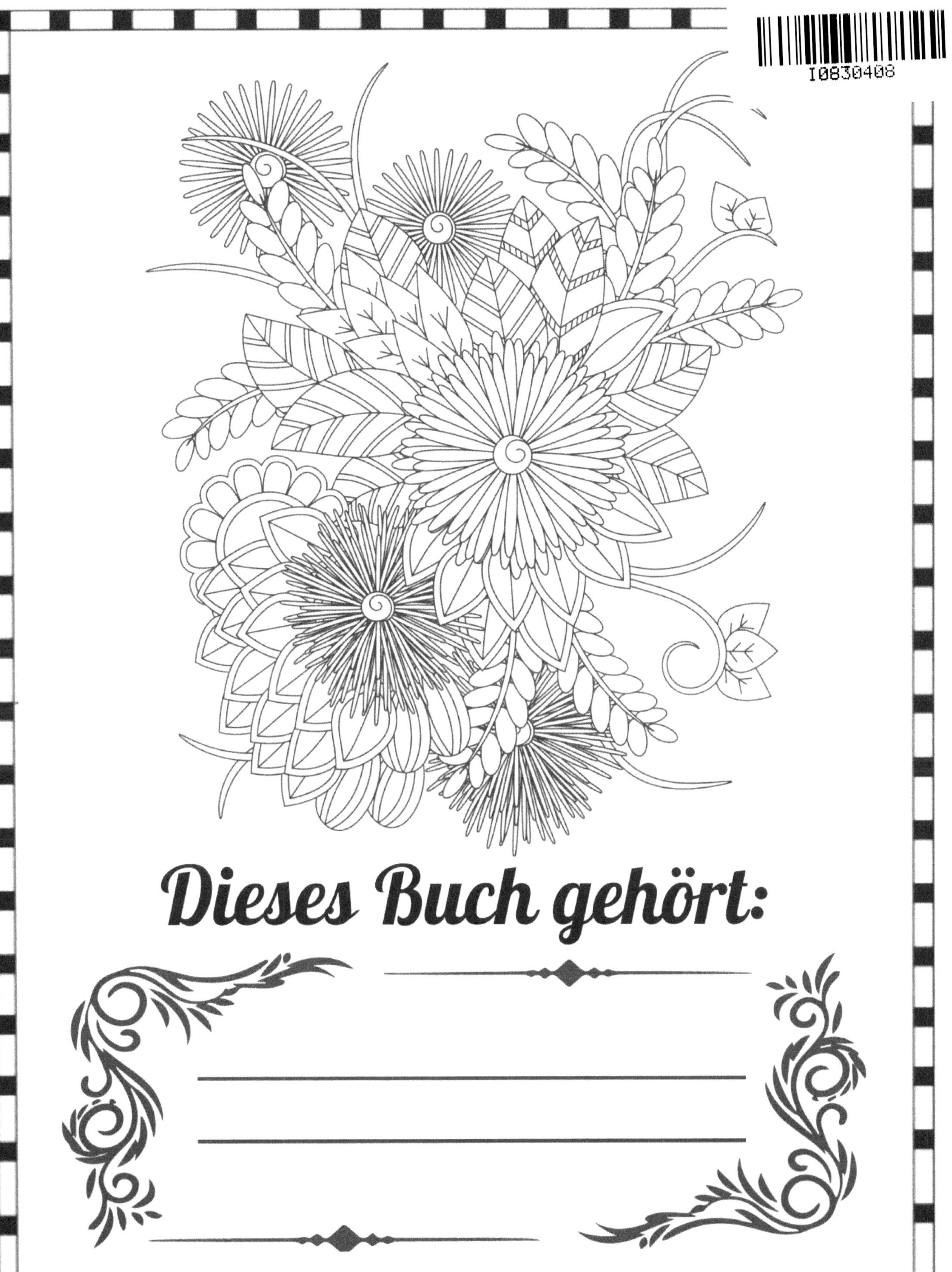

# Dieses Buch gehört:

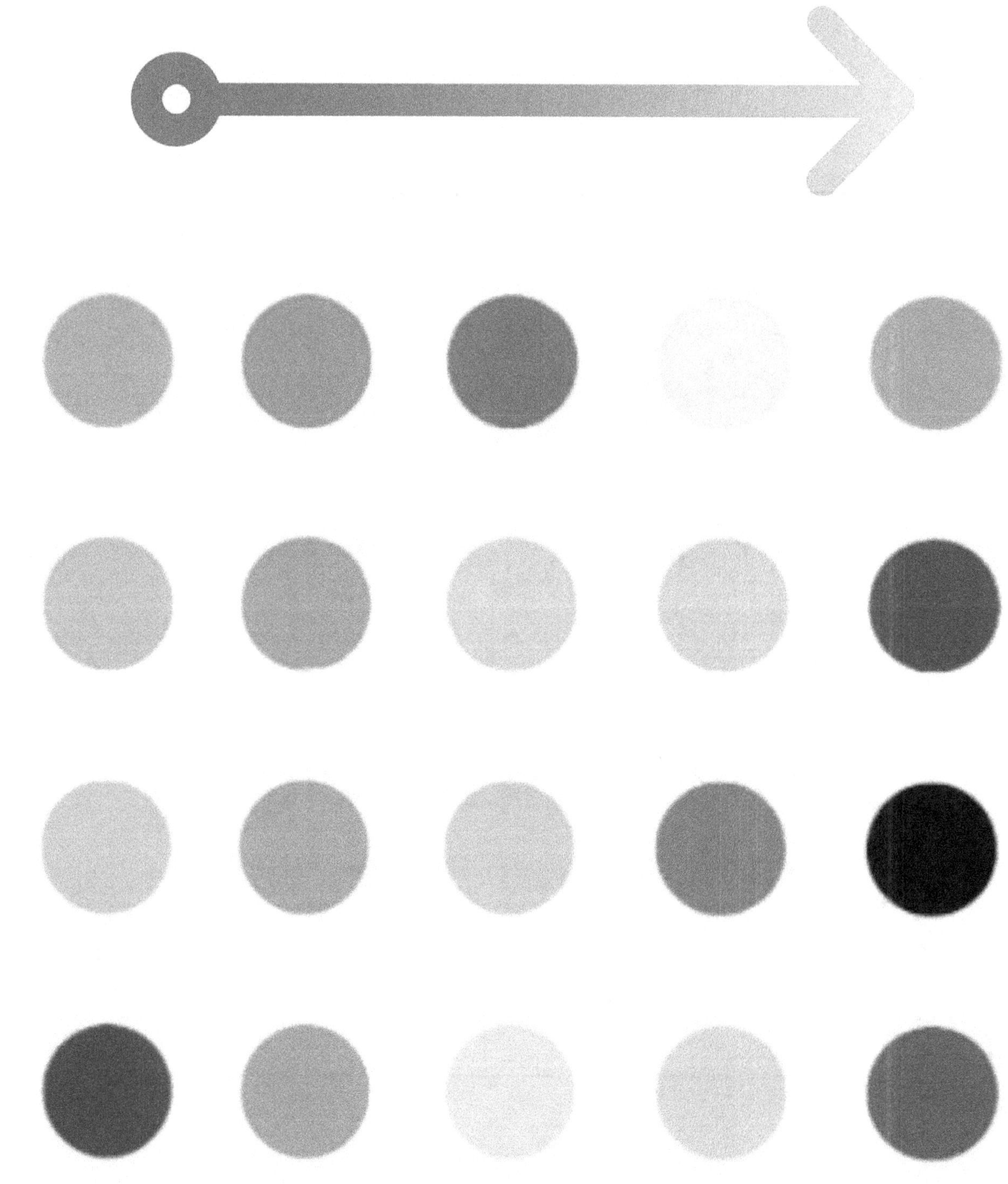
VORSCHAUSEITEN

# Vorschauseiten

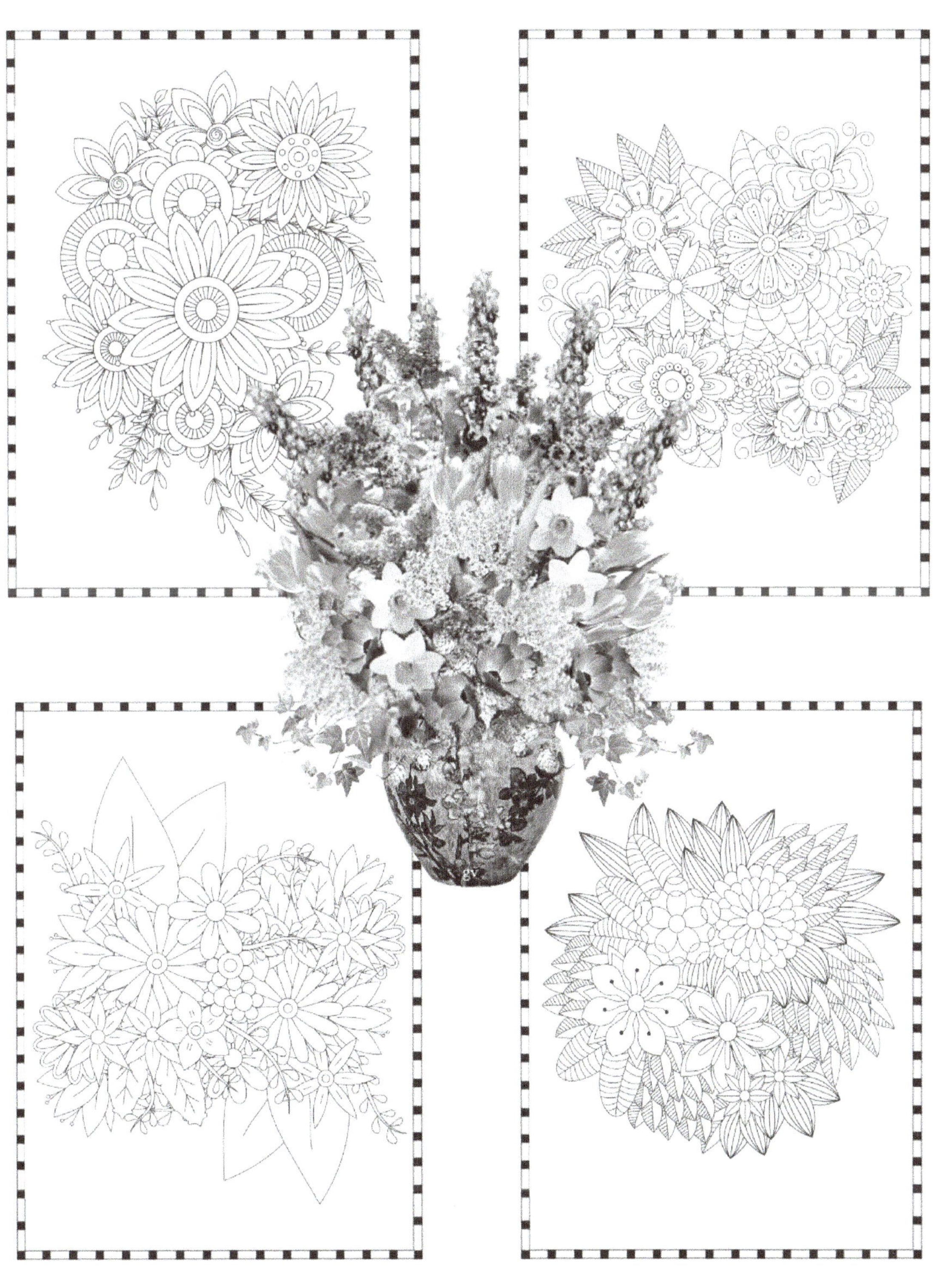

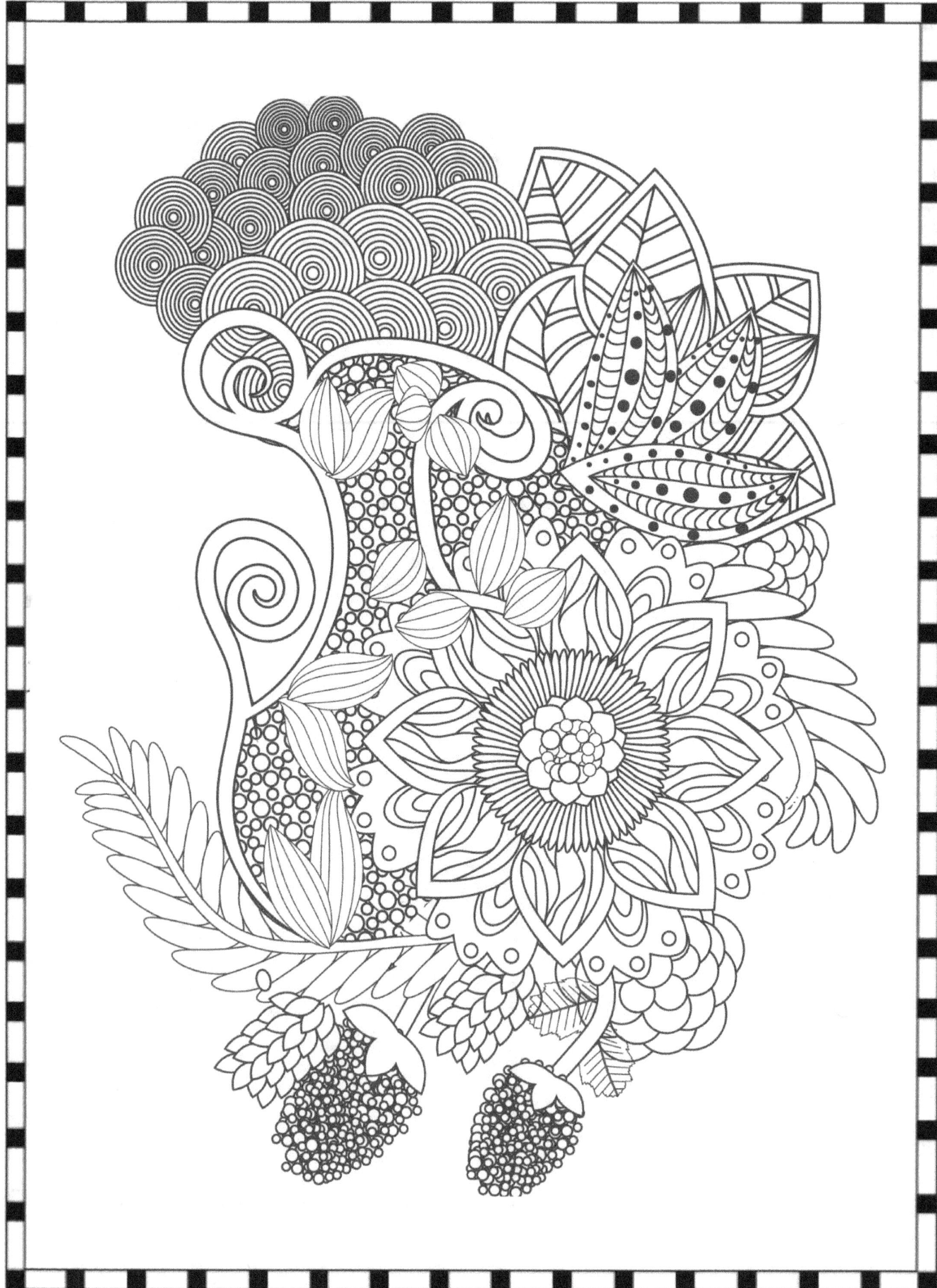

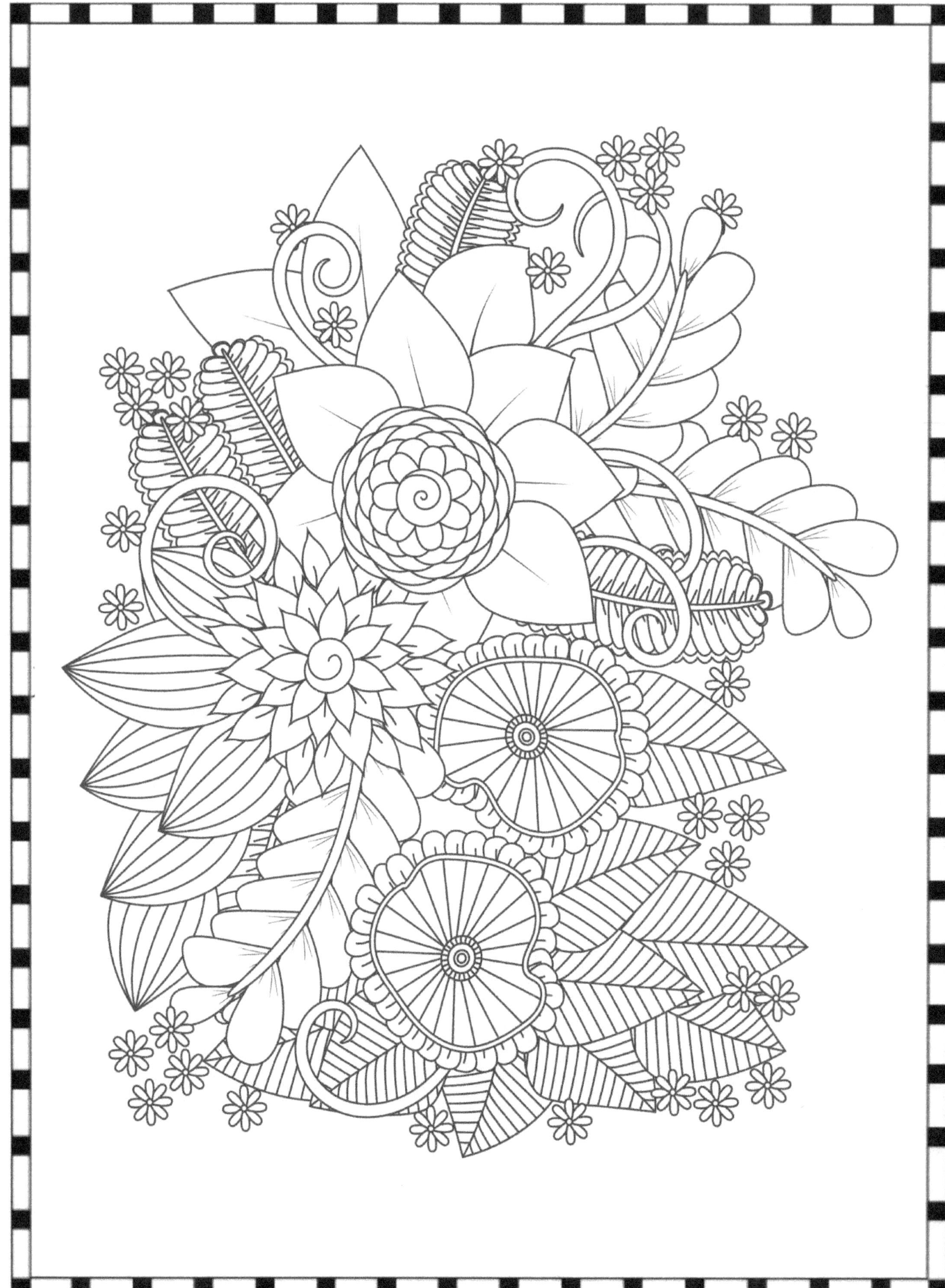

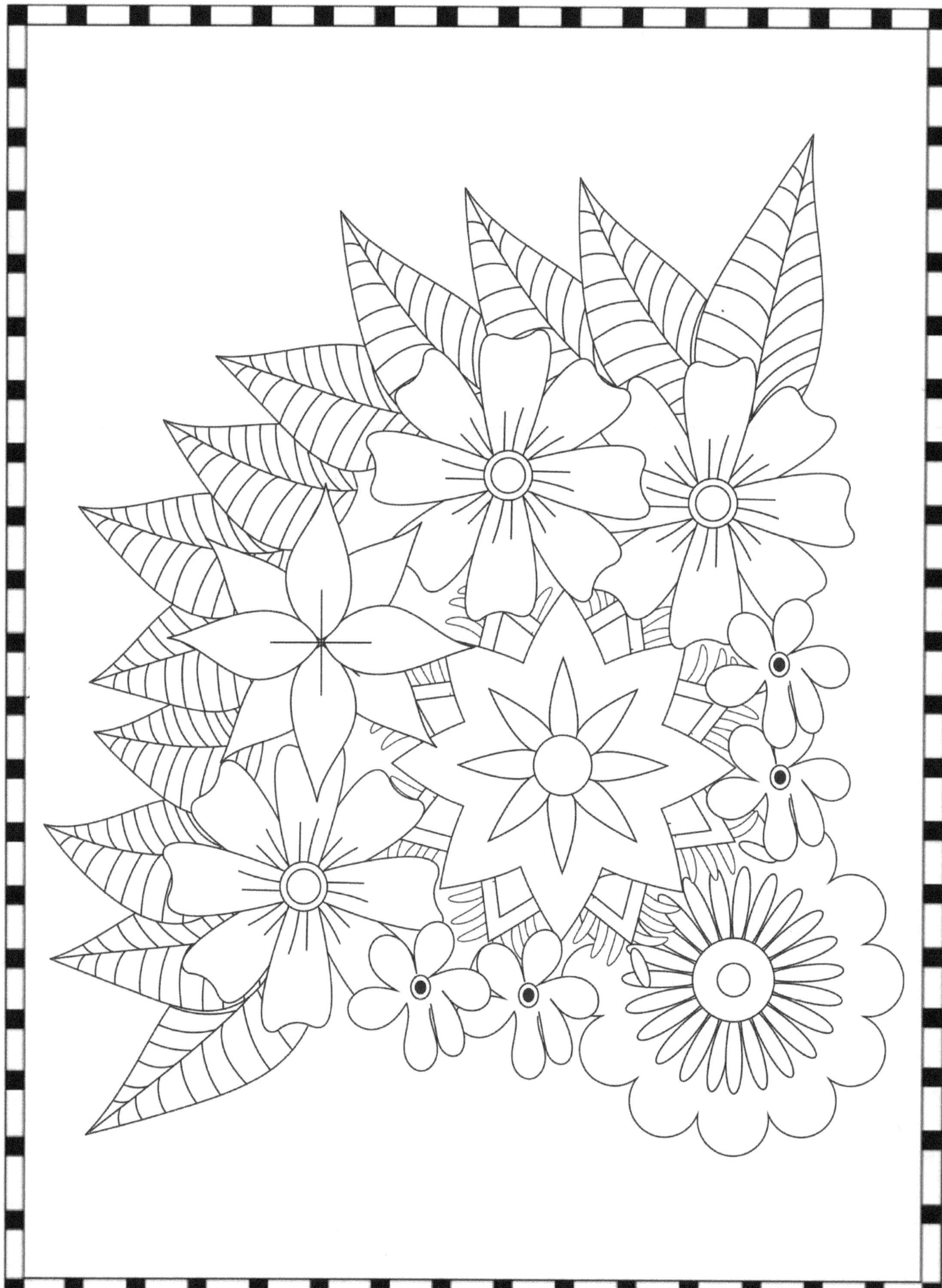

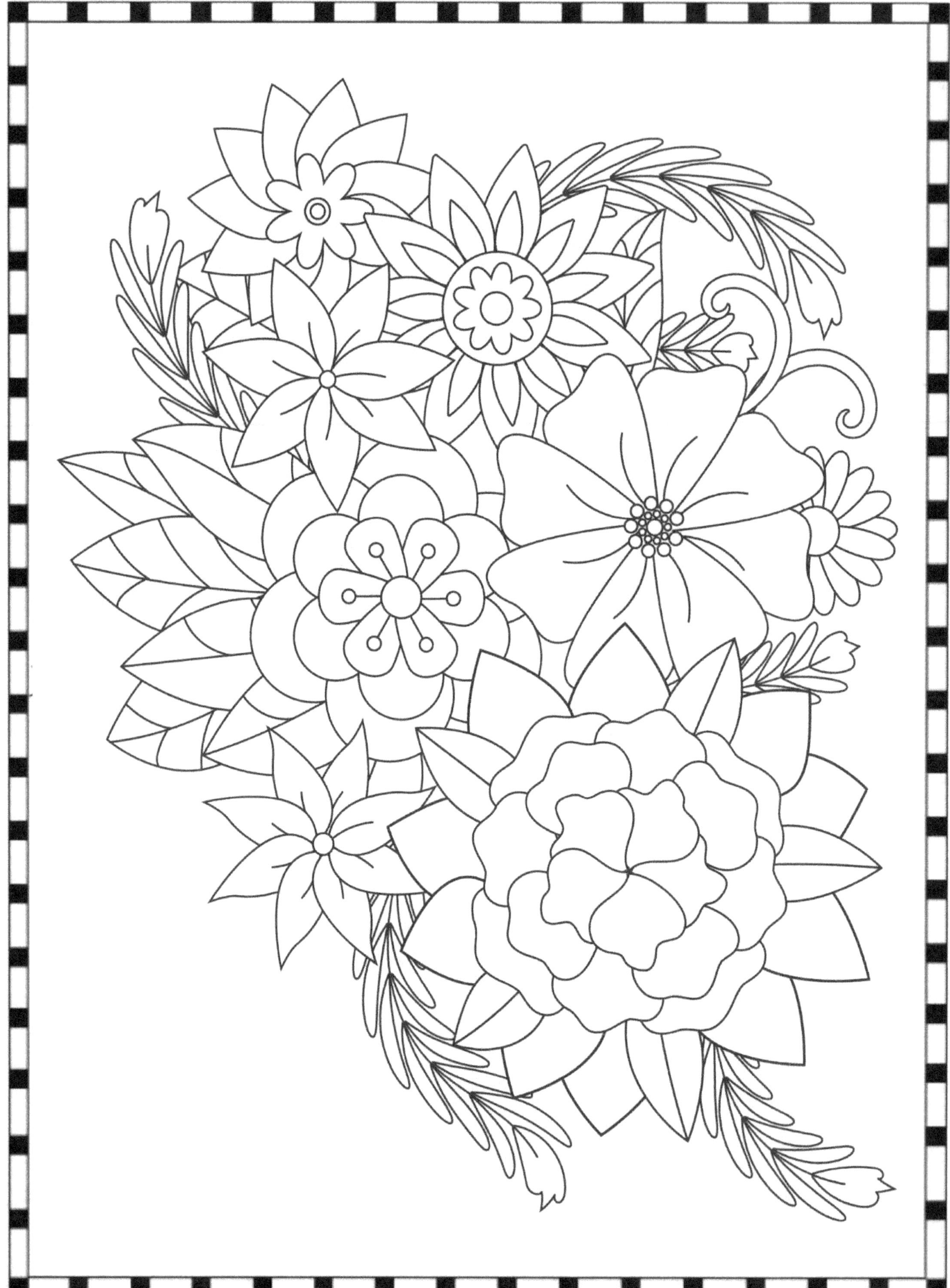

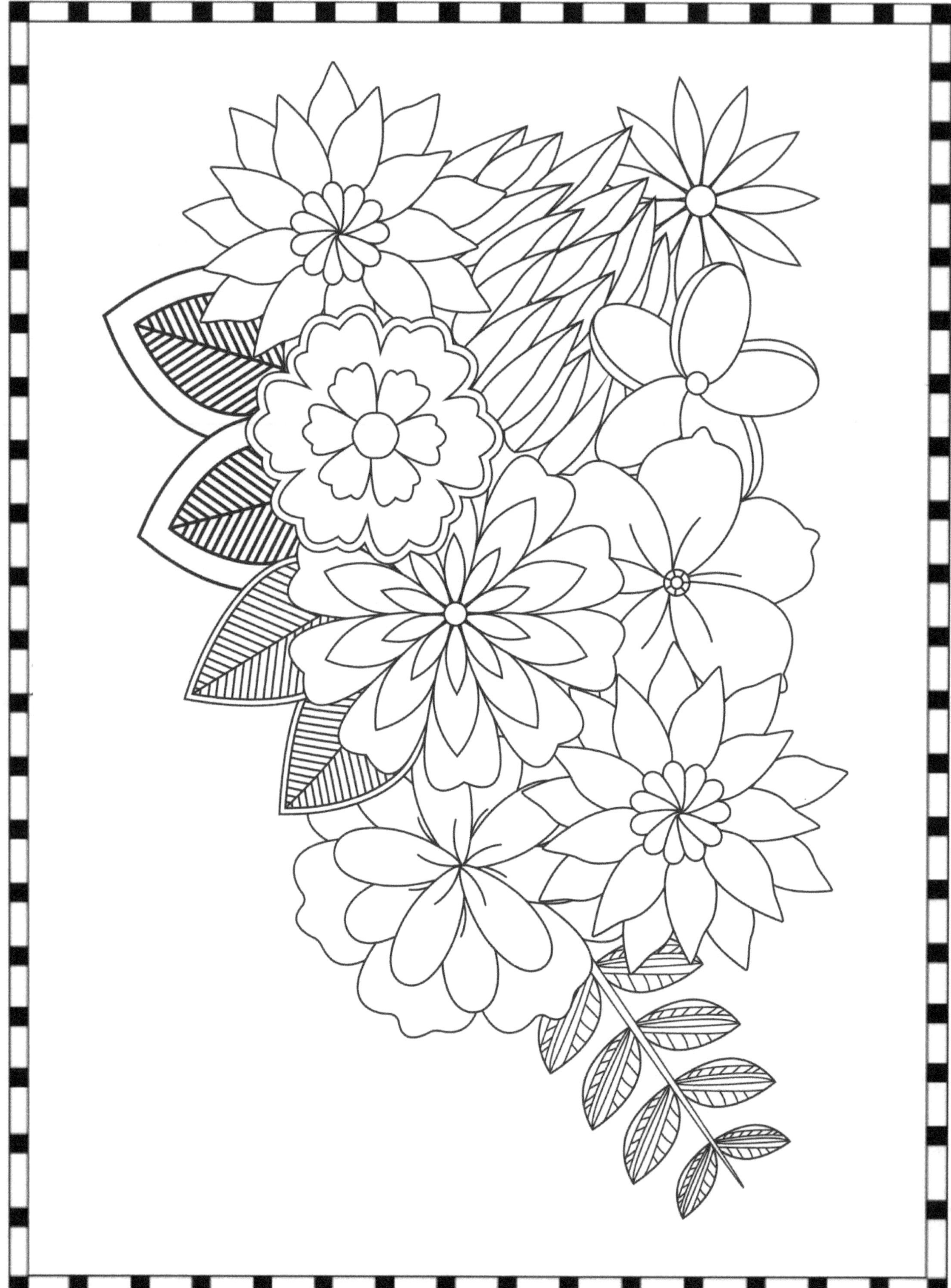

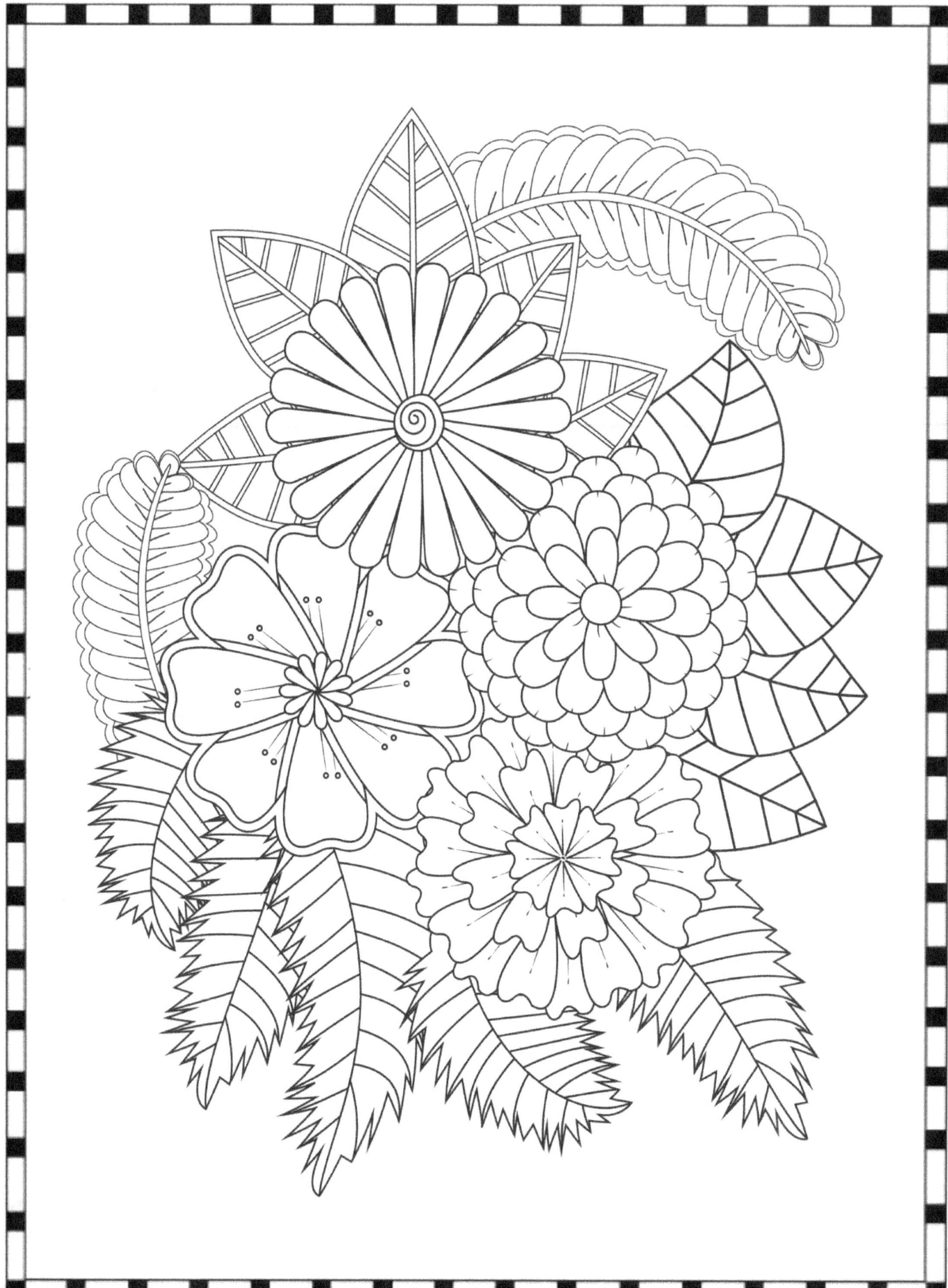

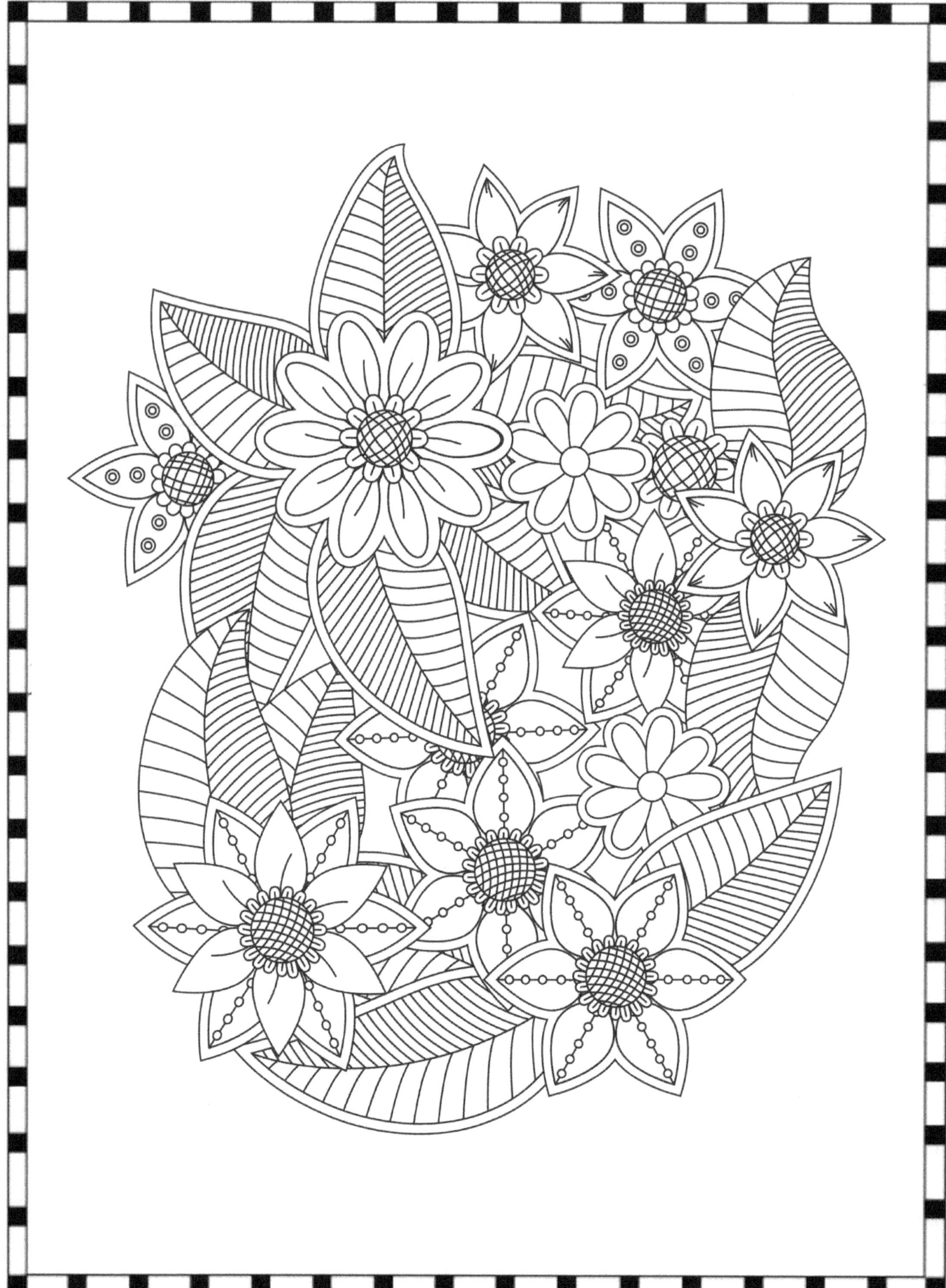

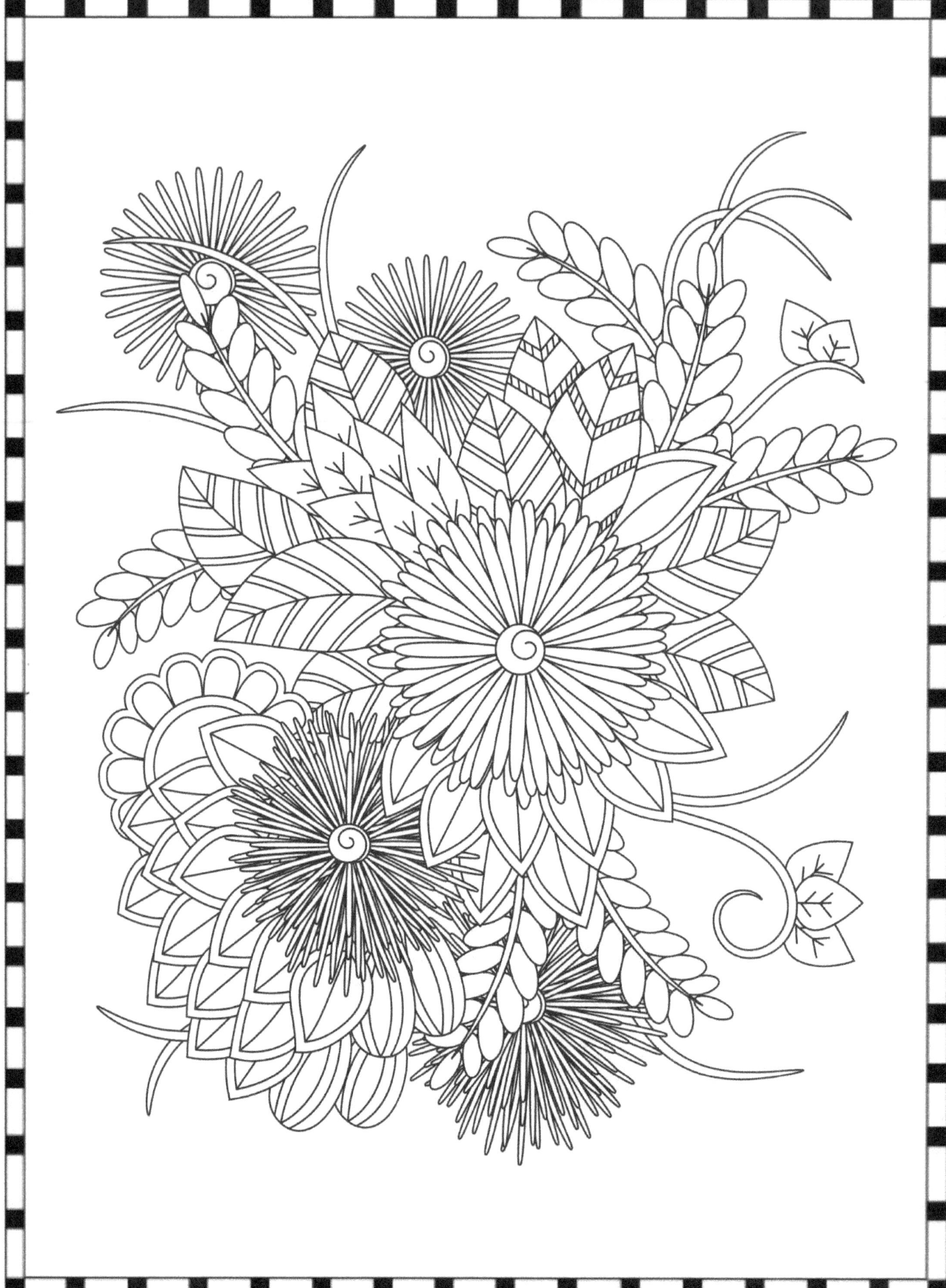

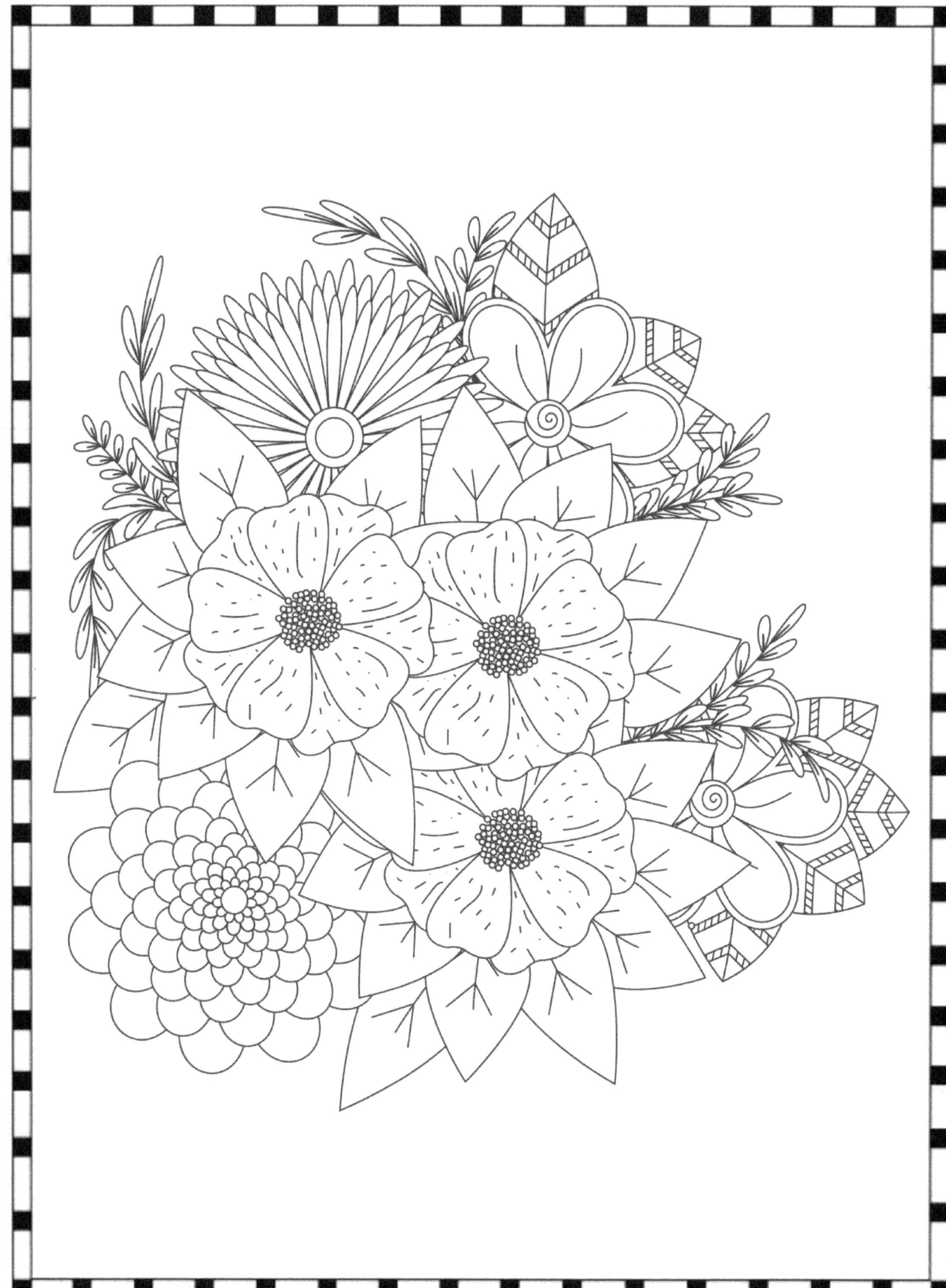

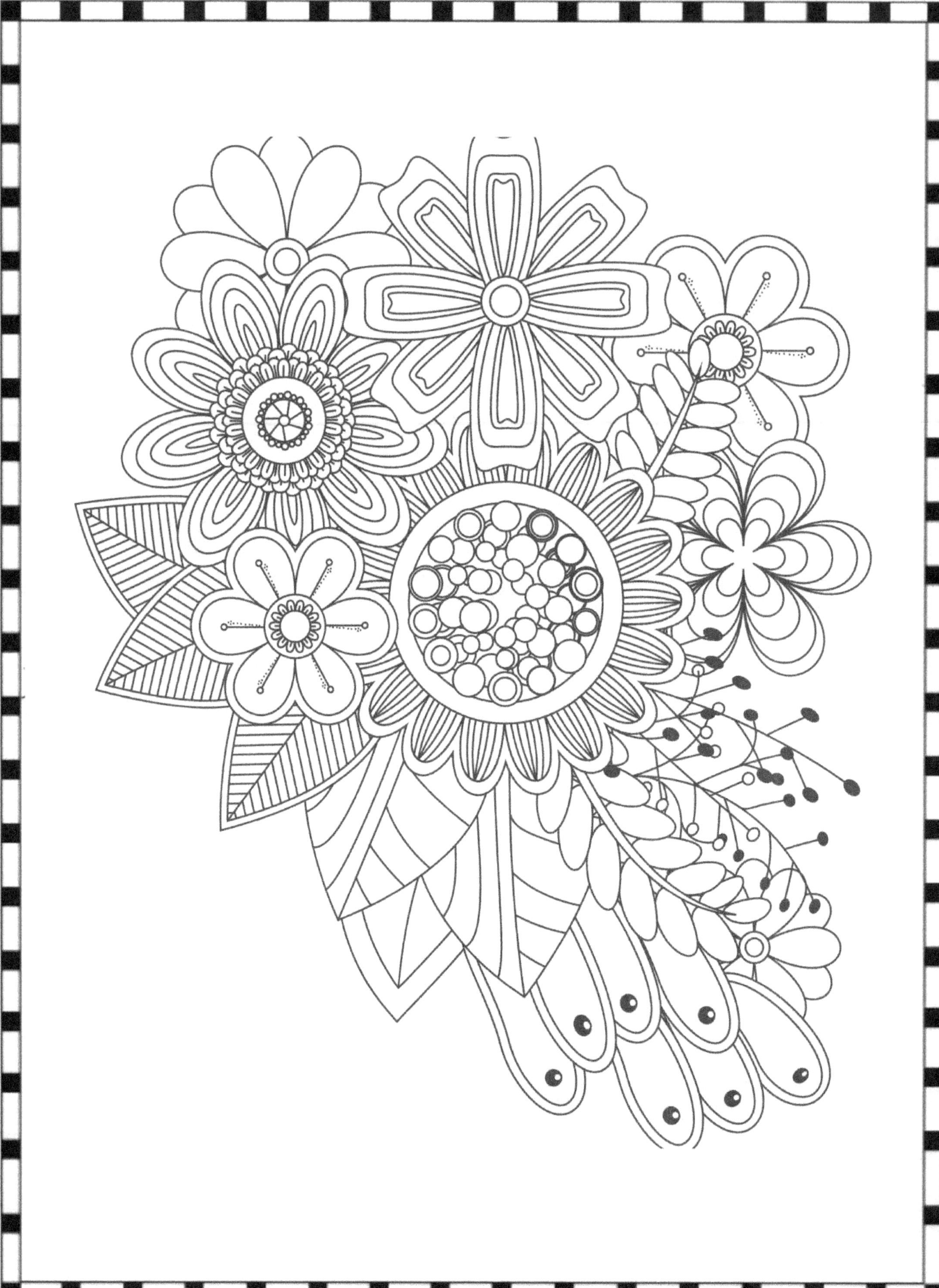

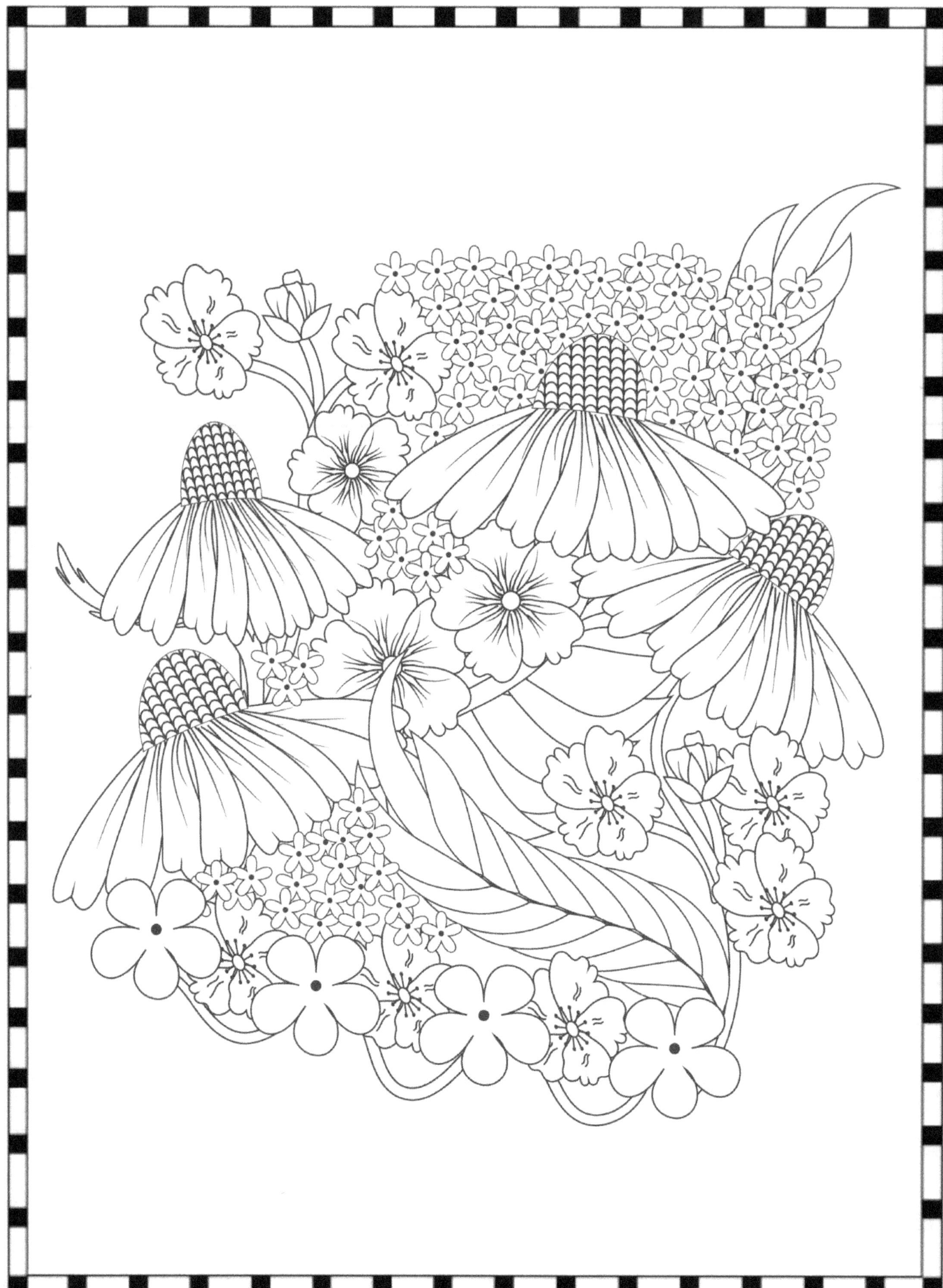

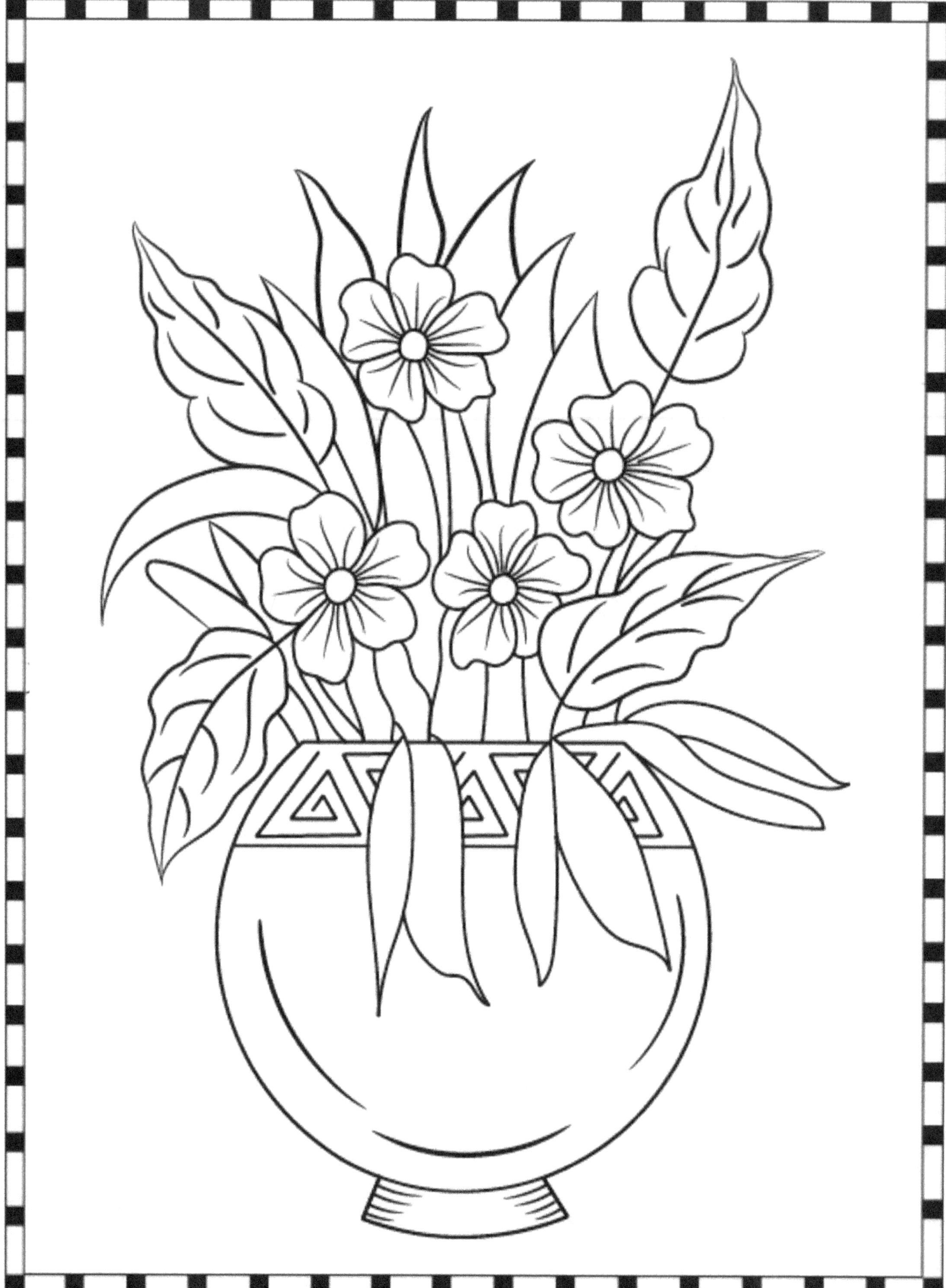

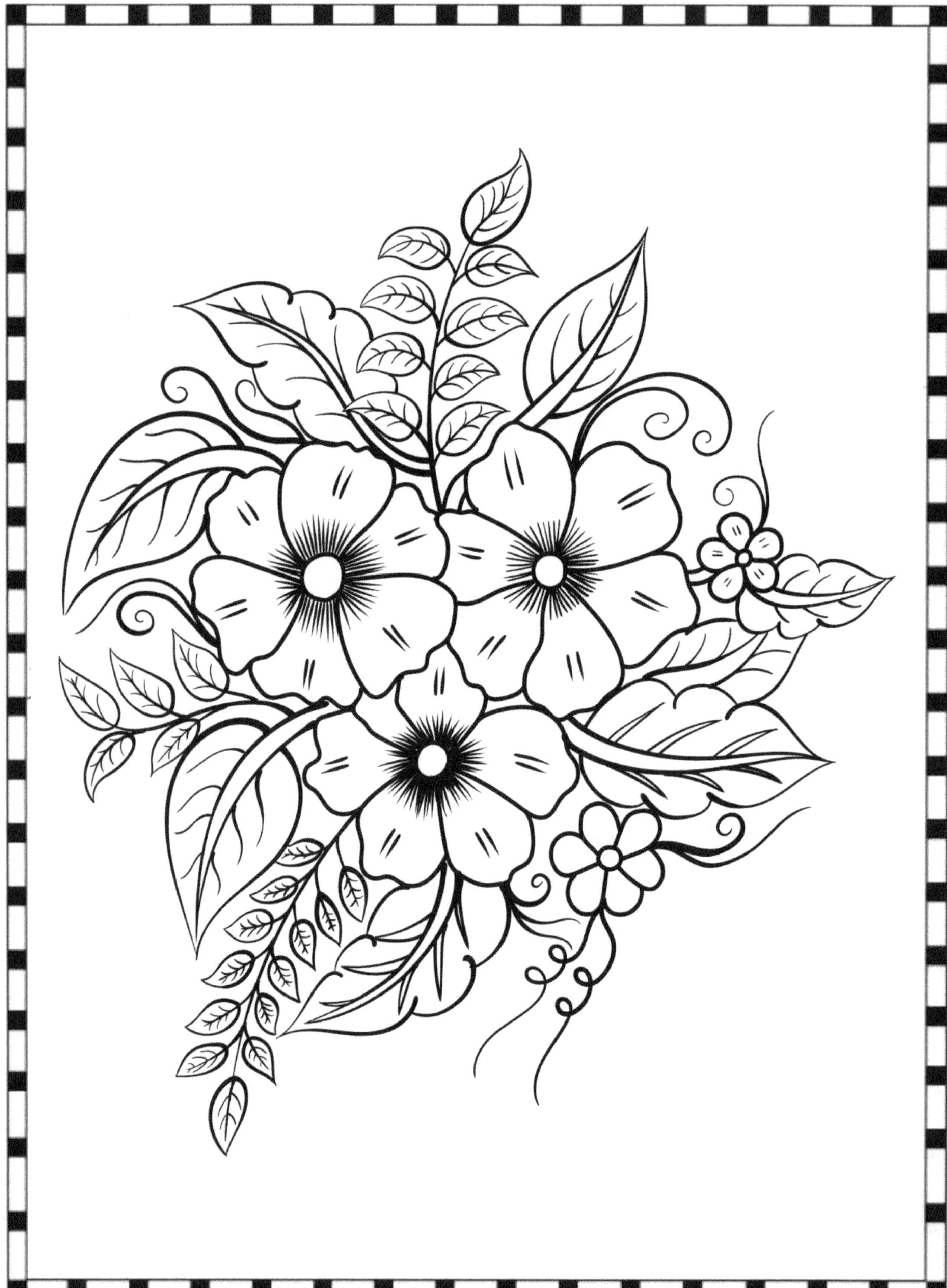

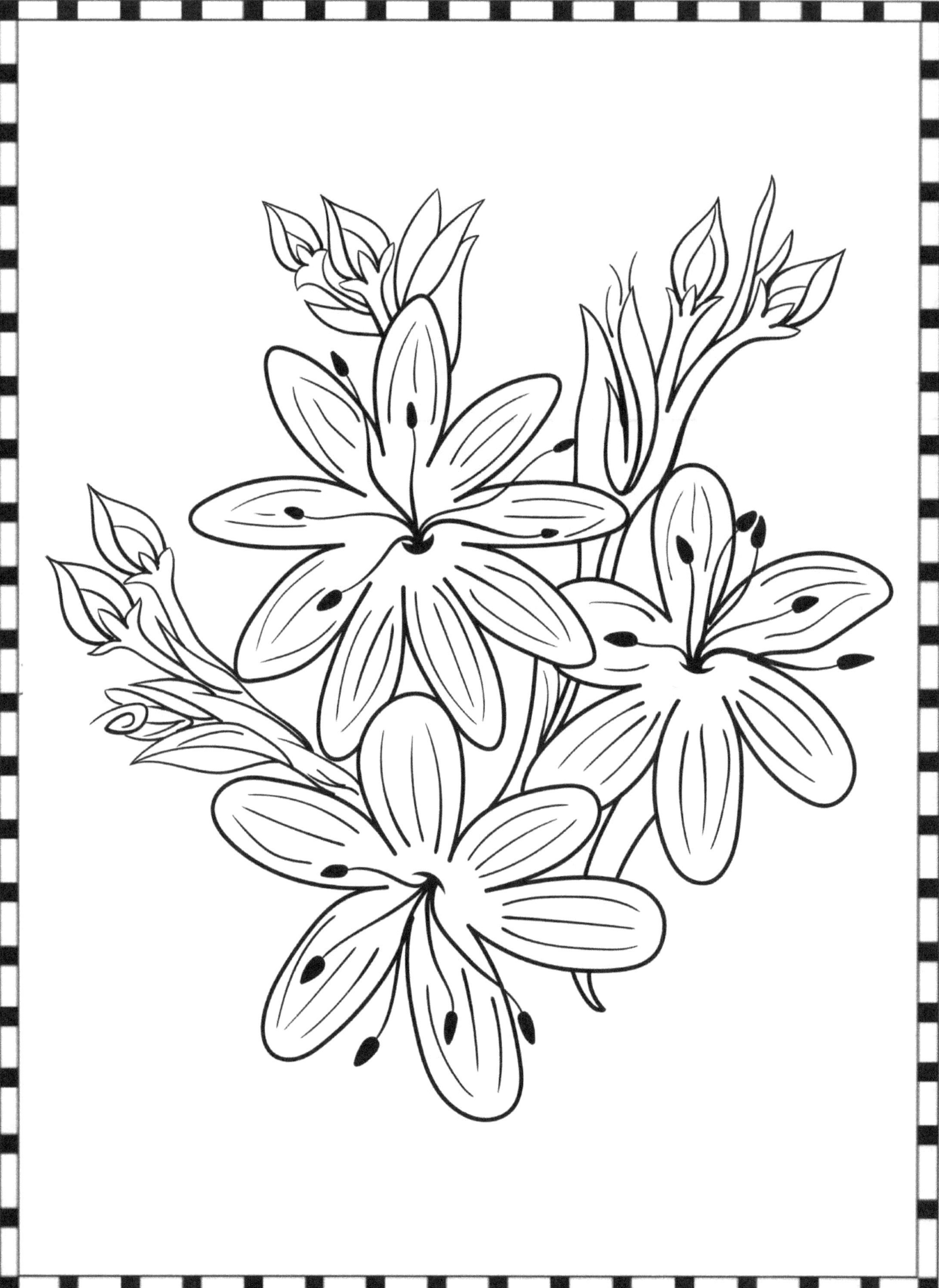

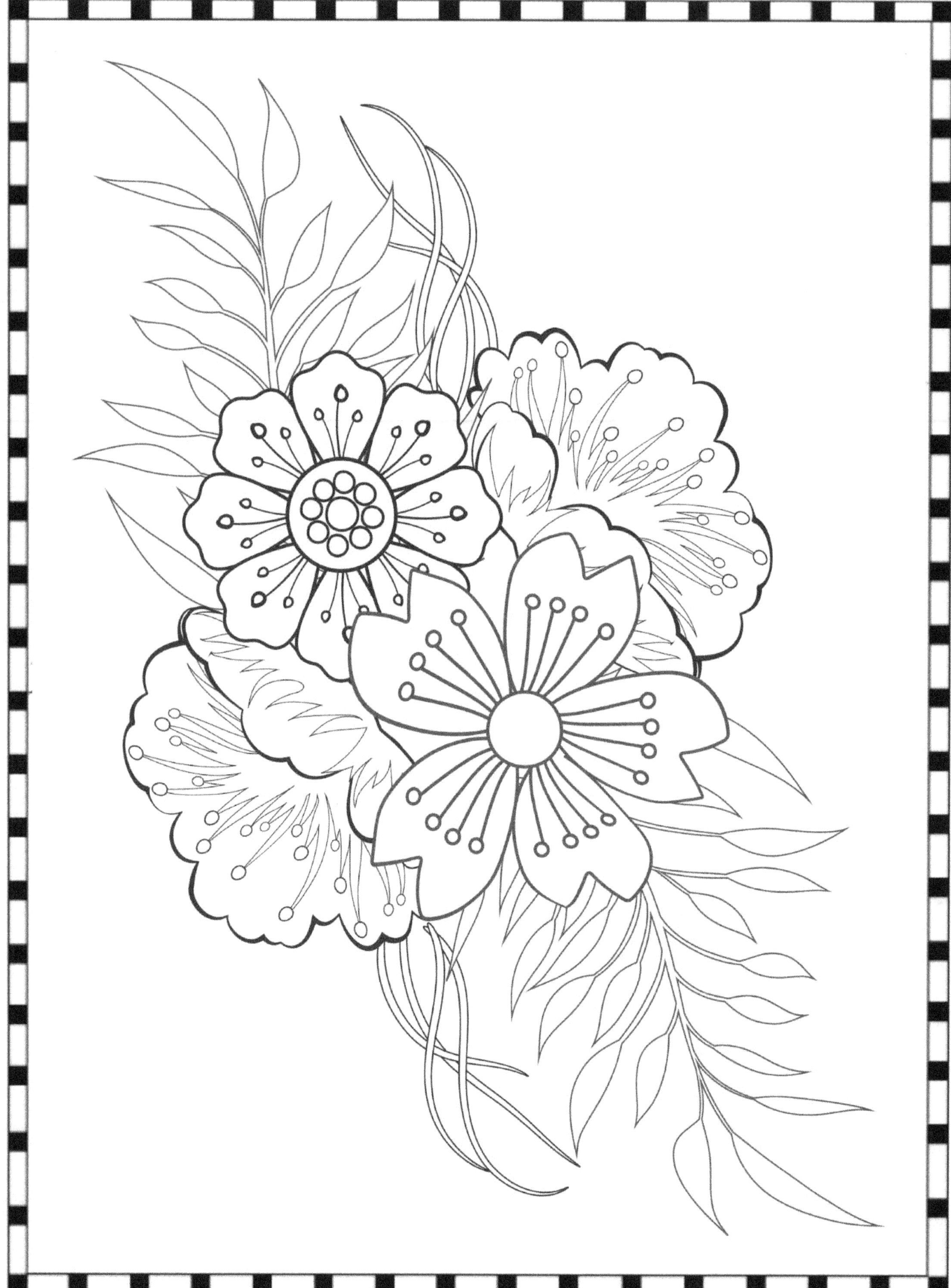

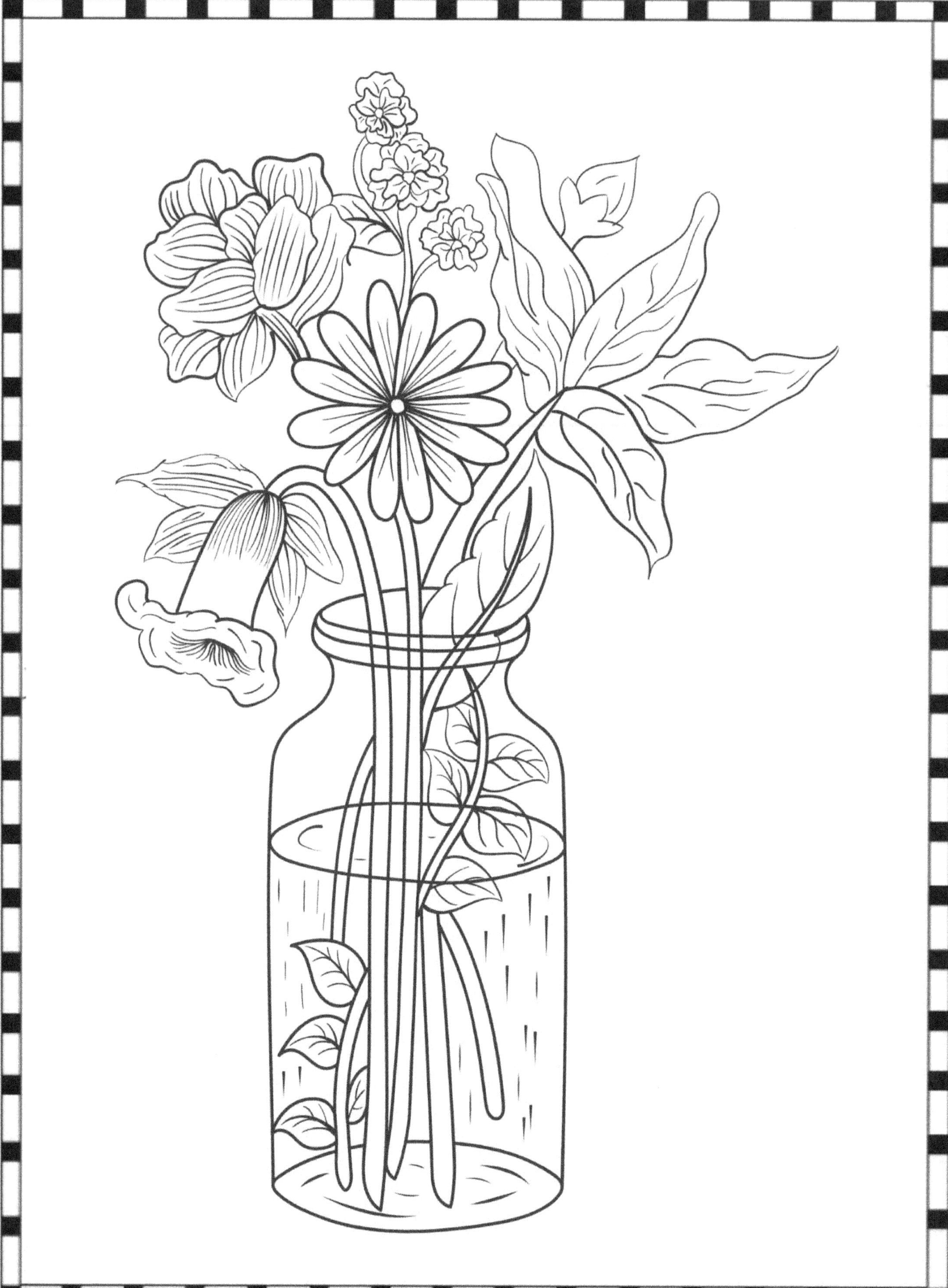

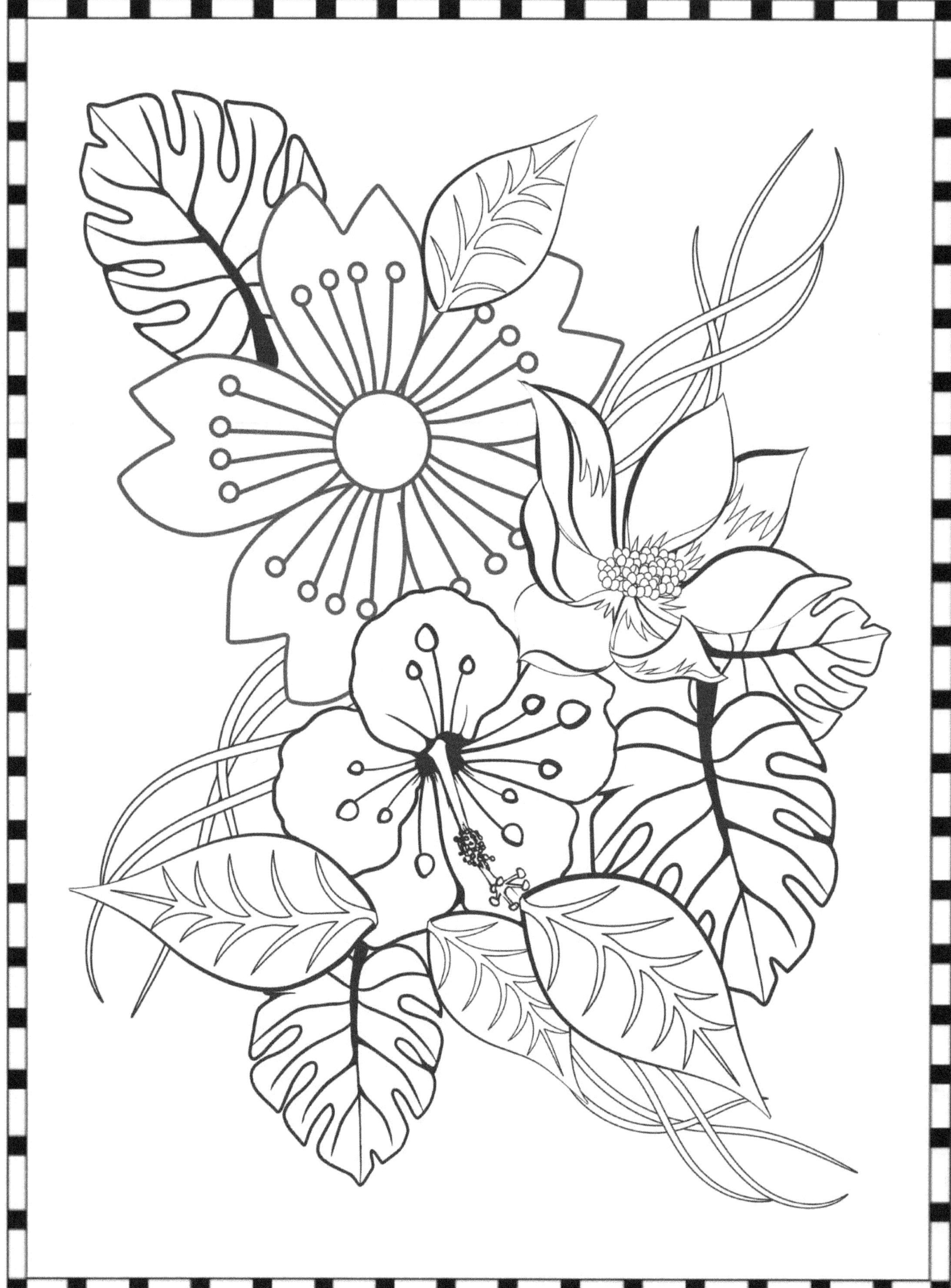

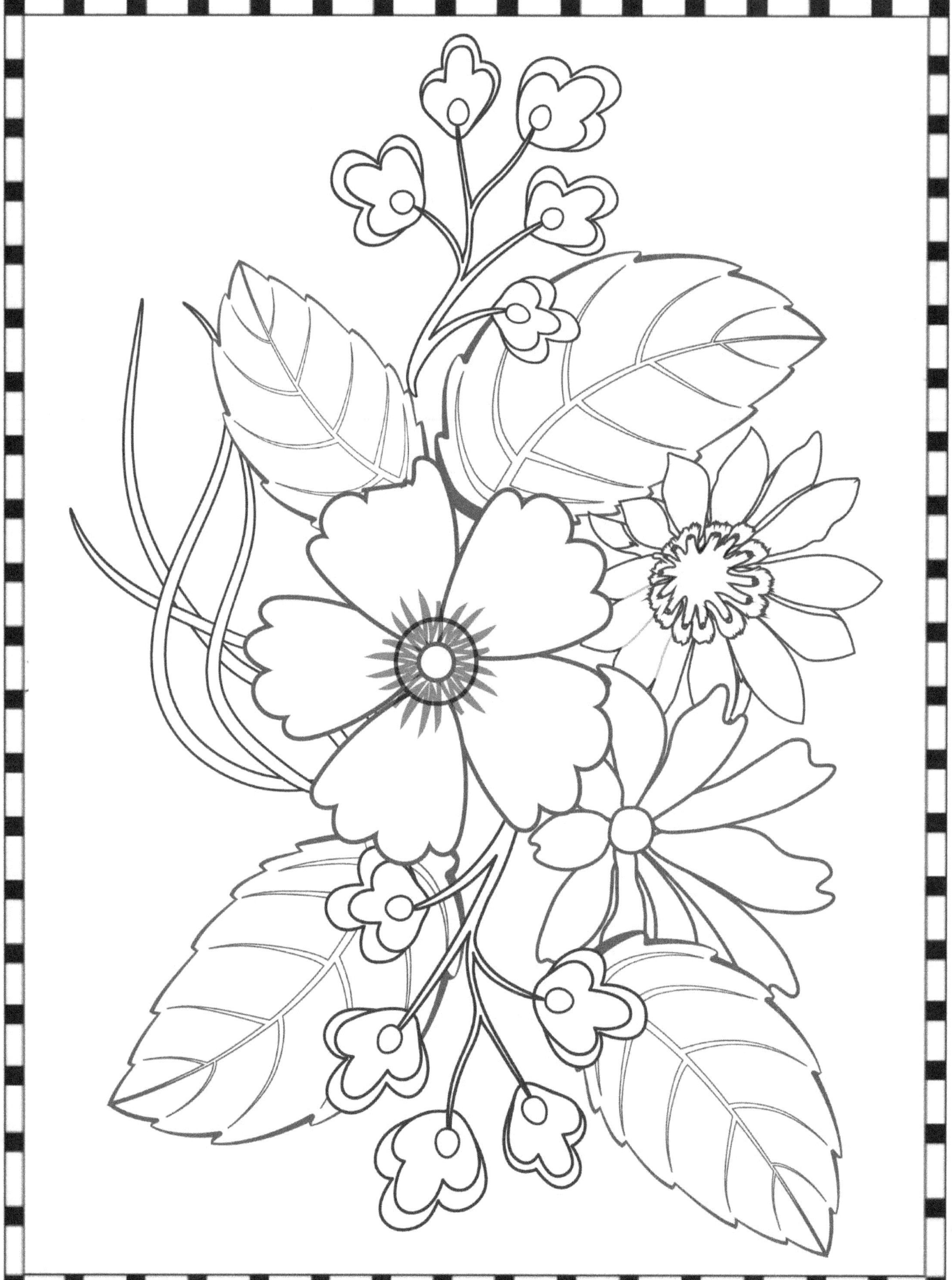

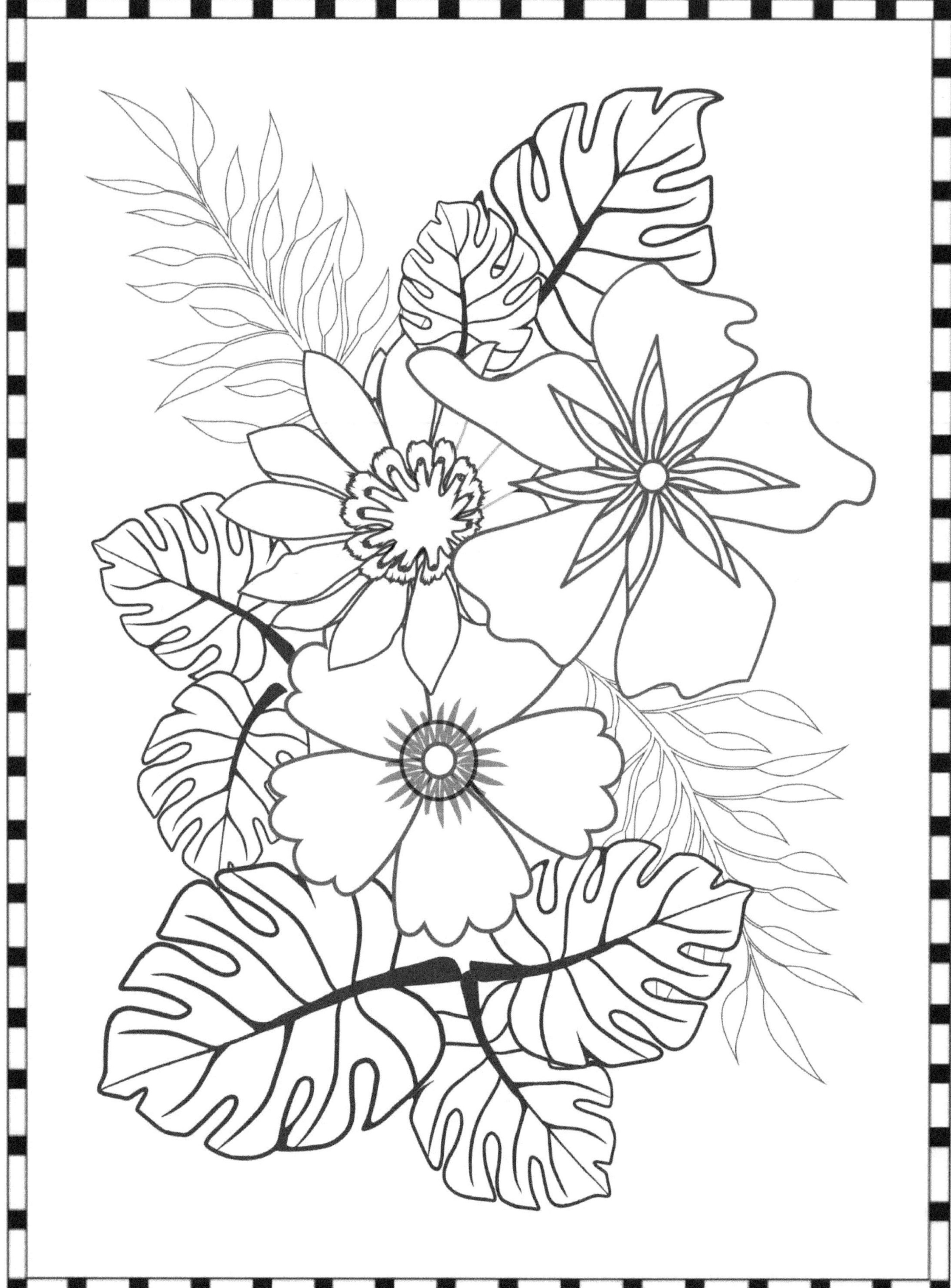

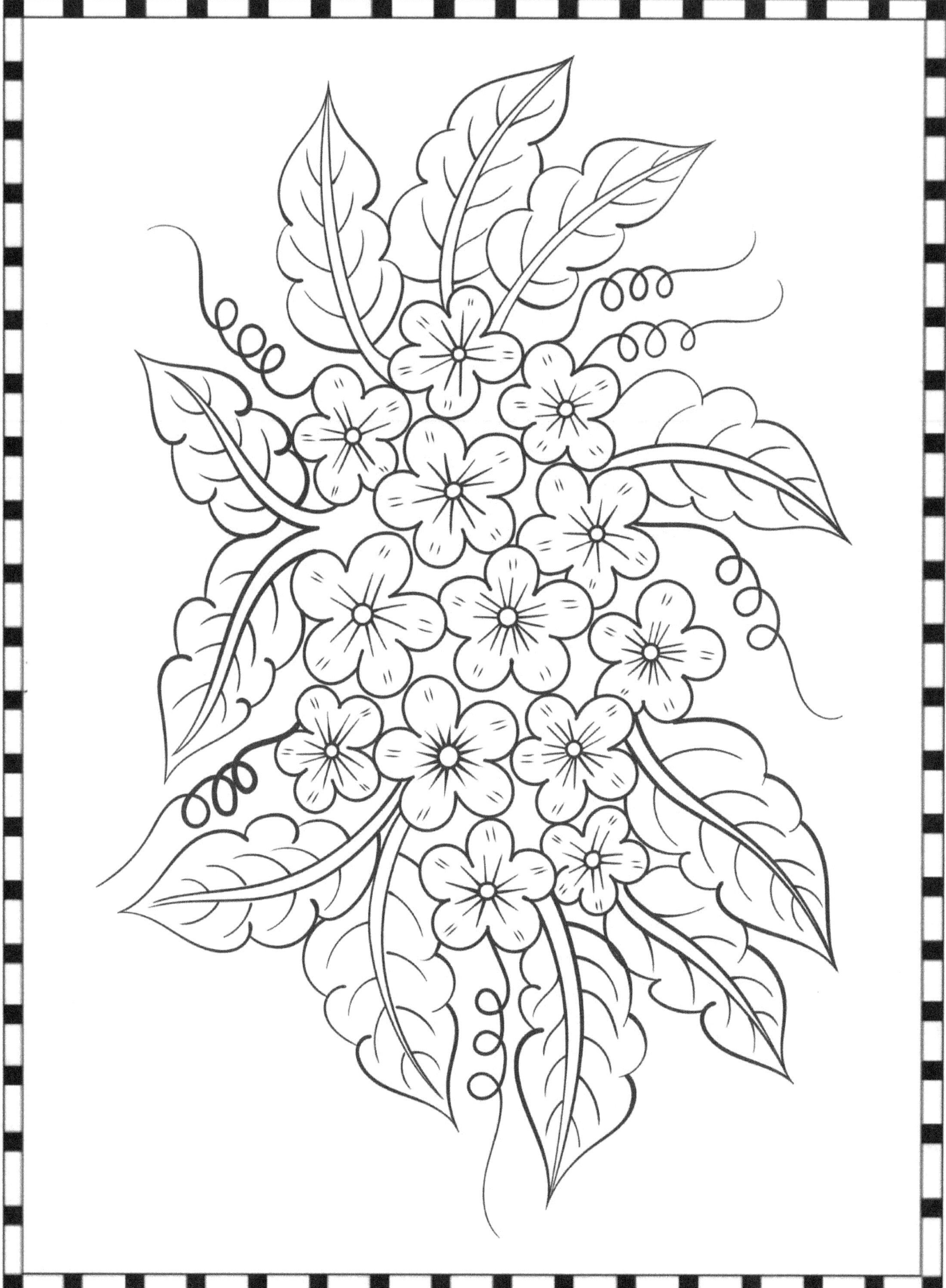

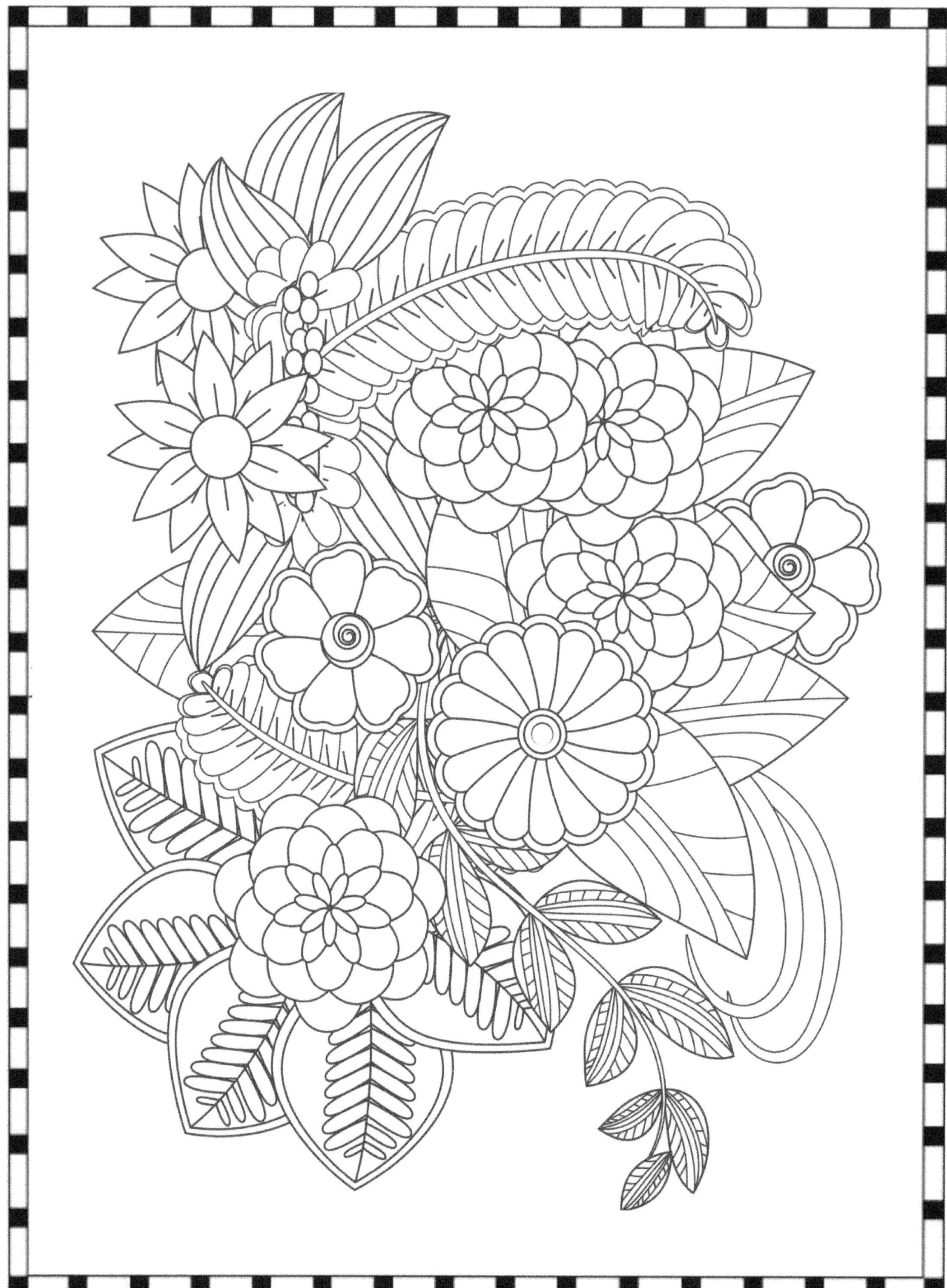

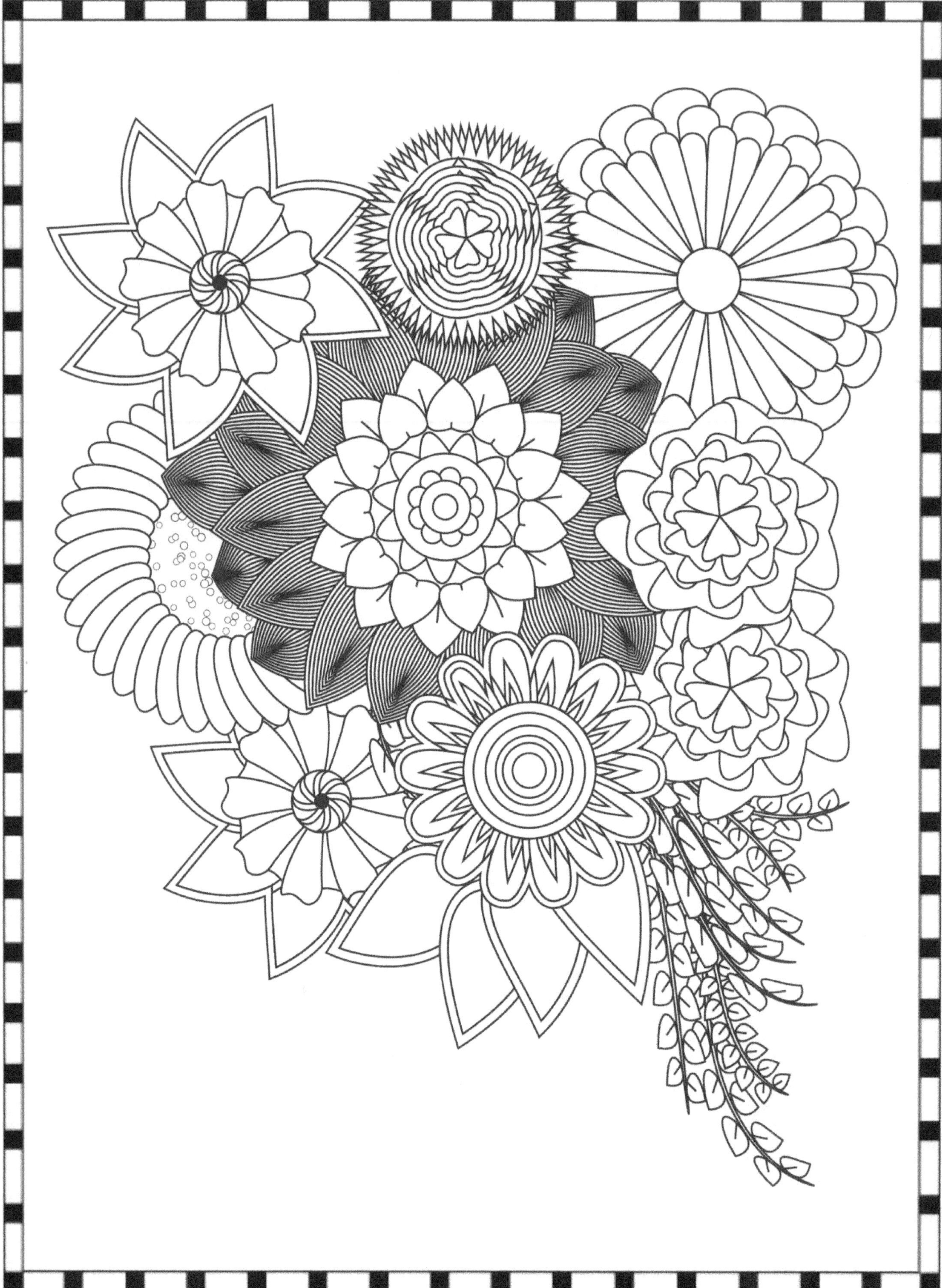

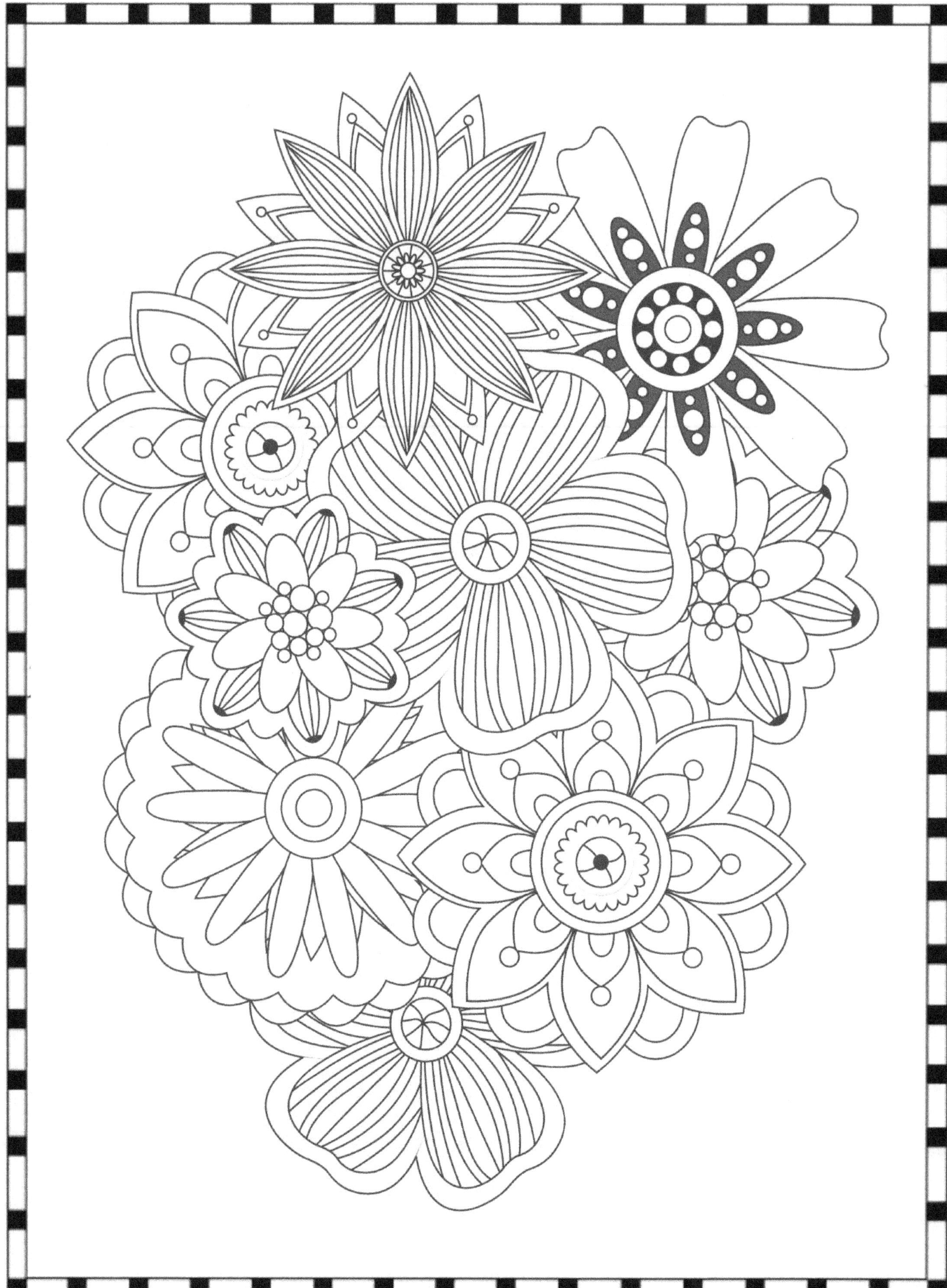

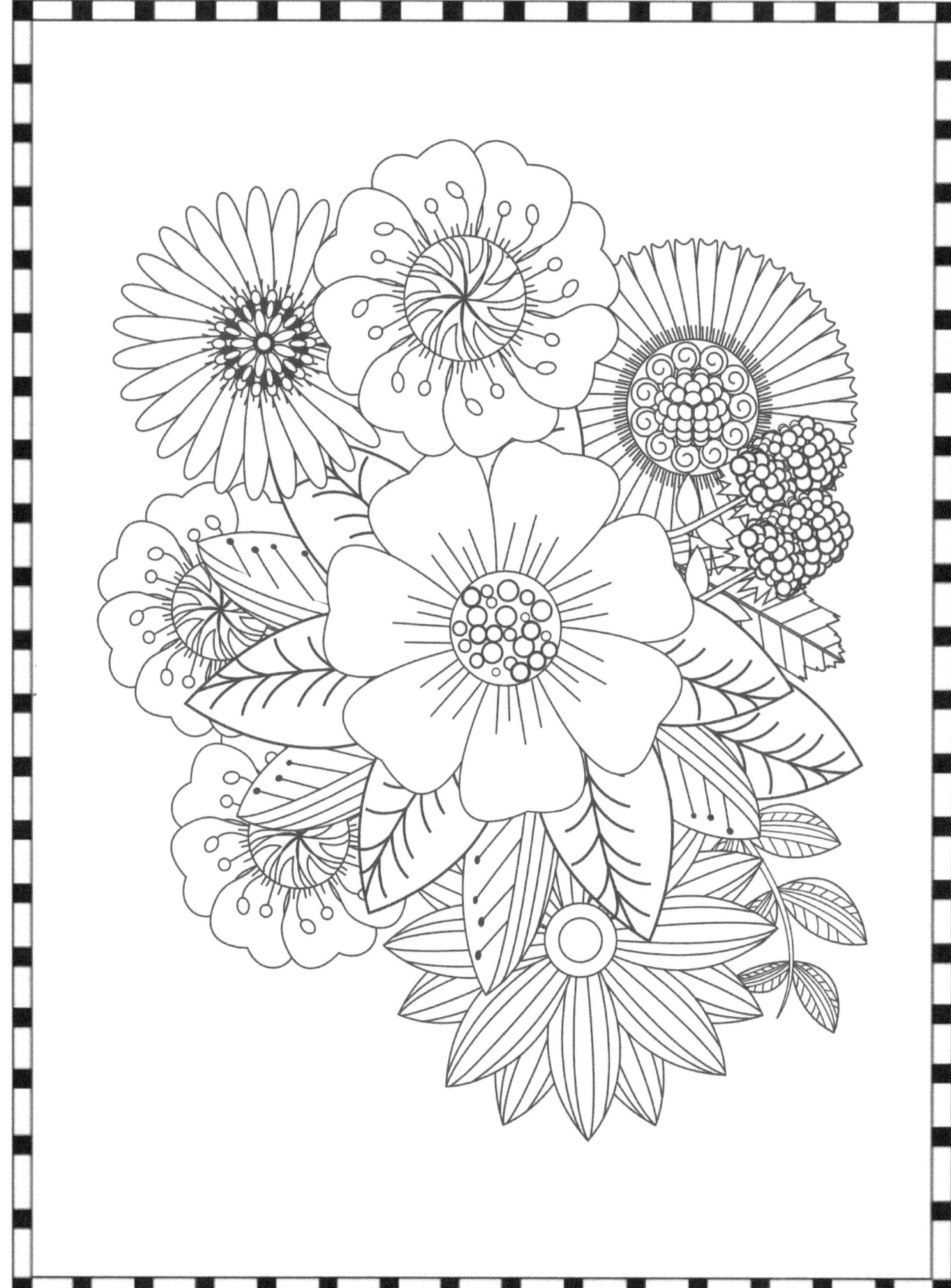

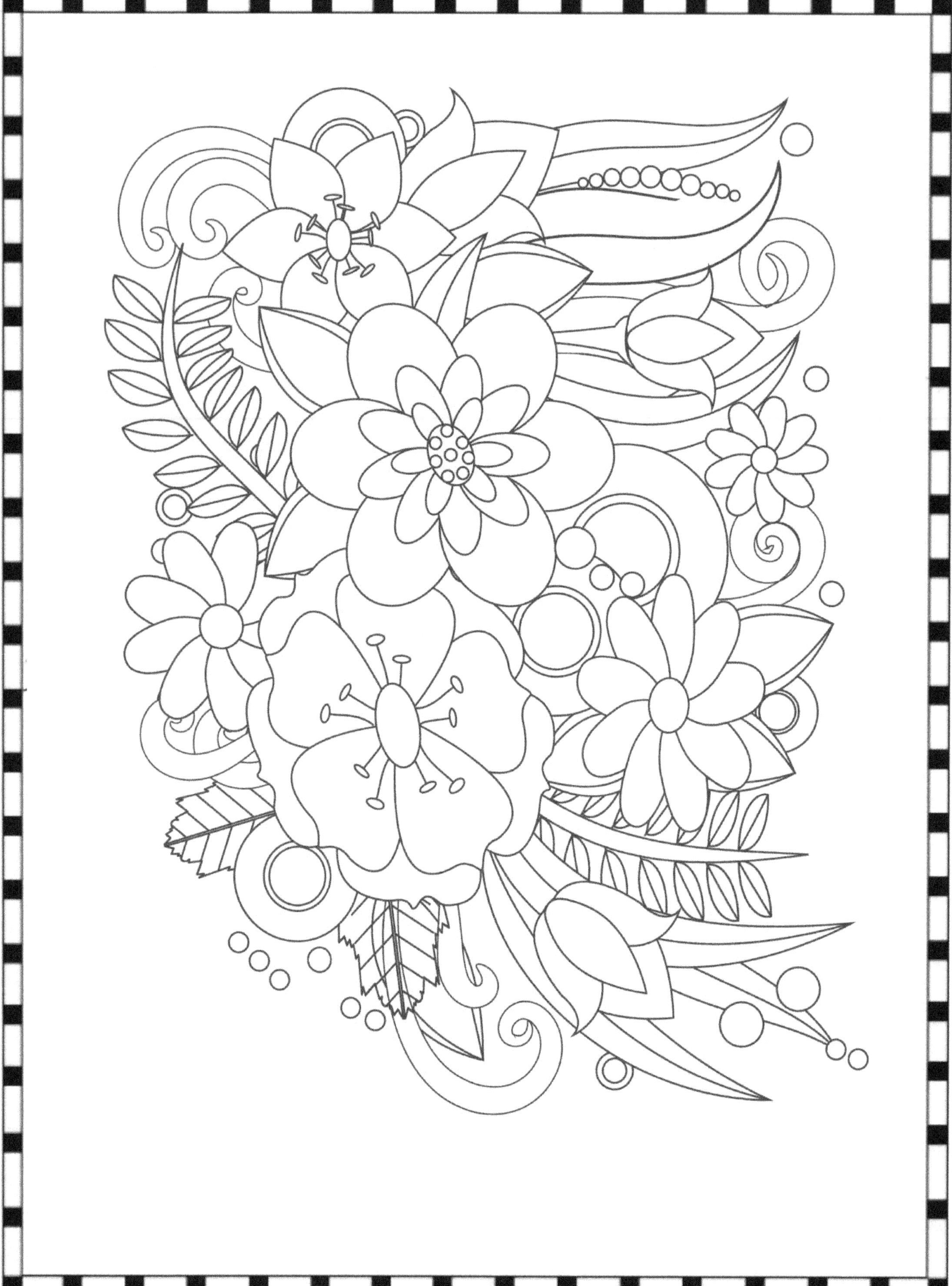

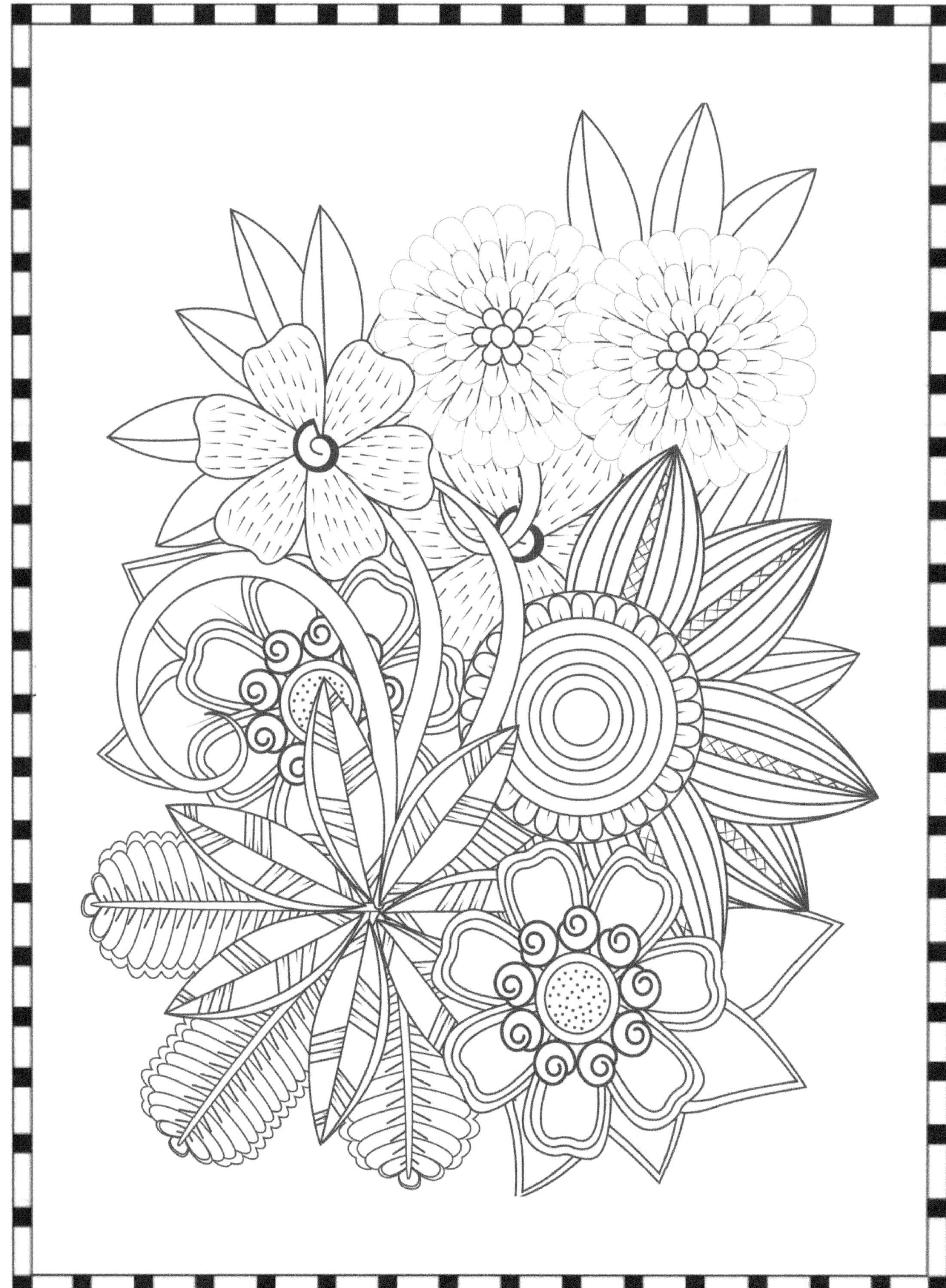

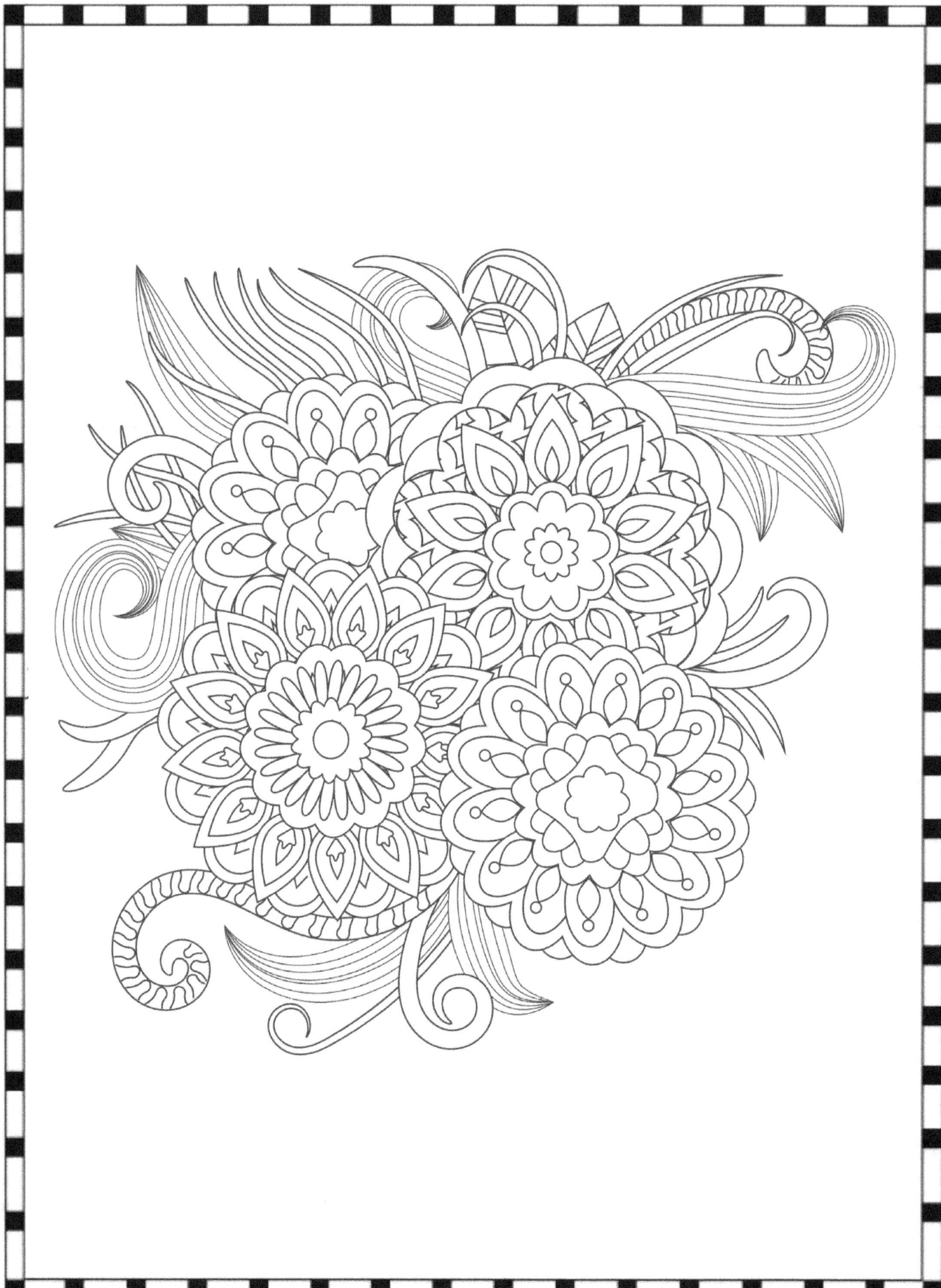

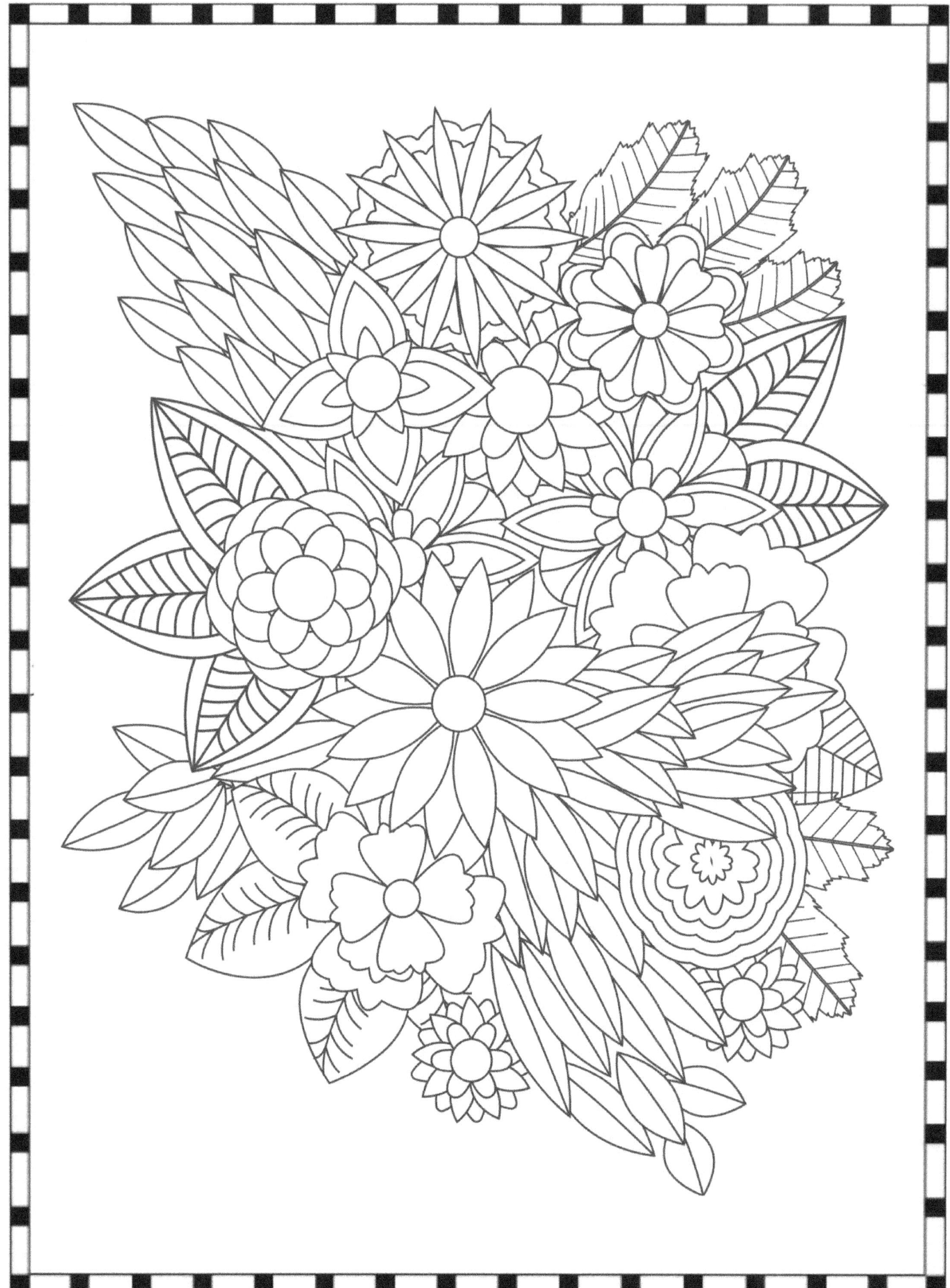

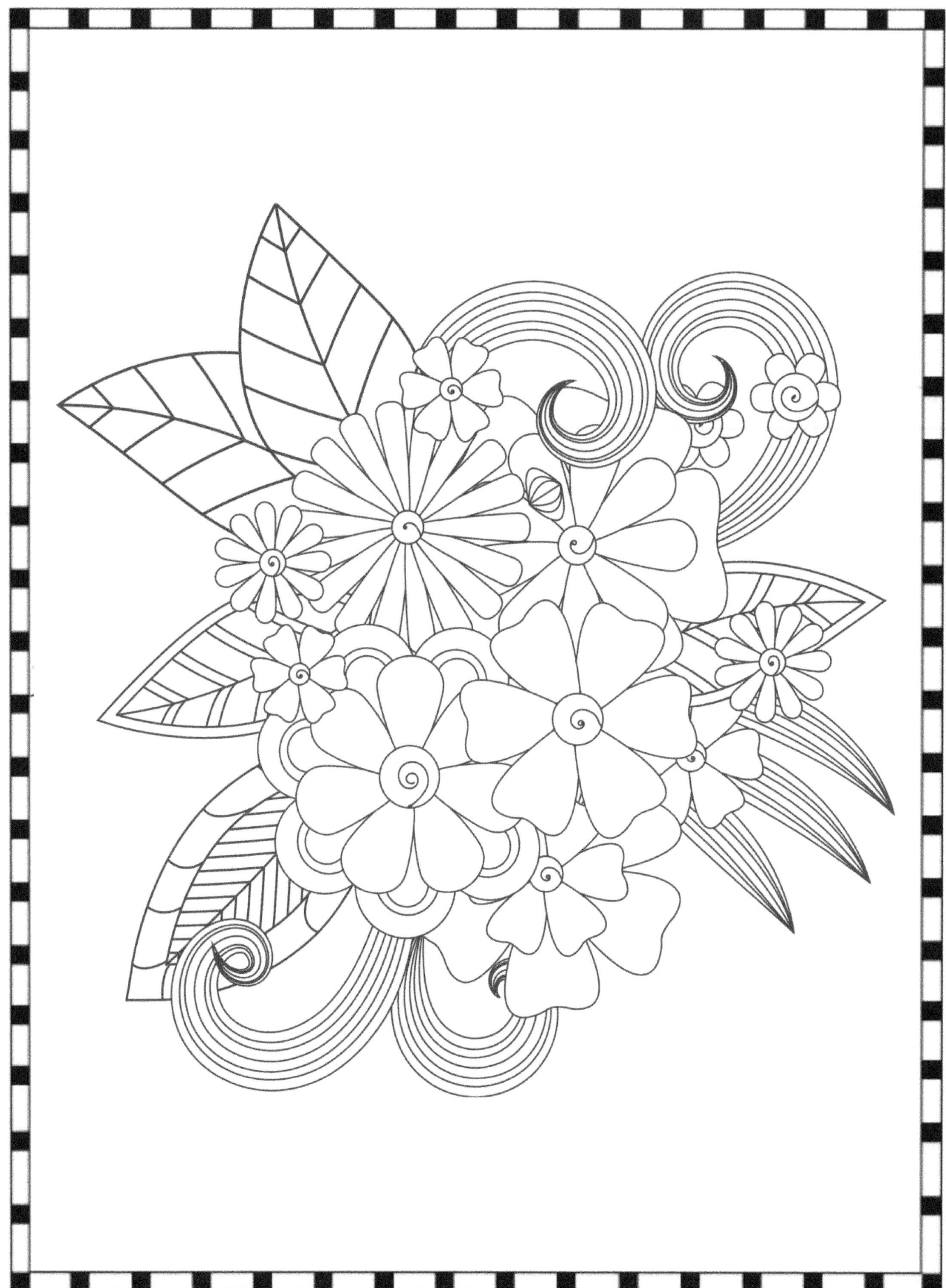

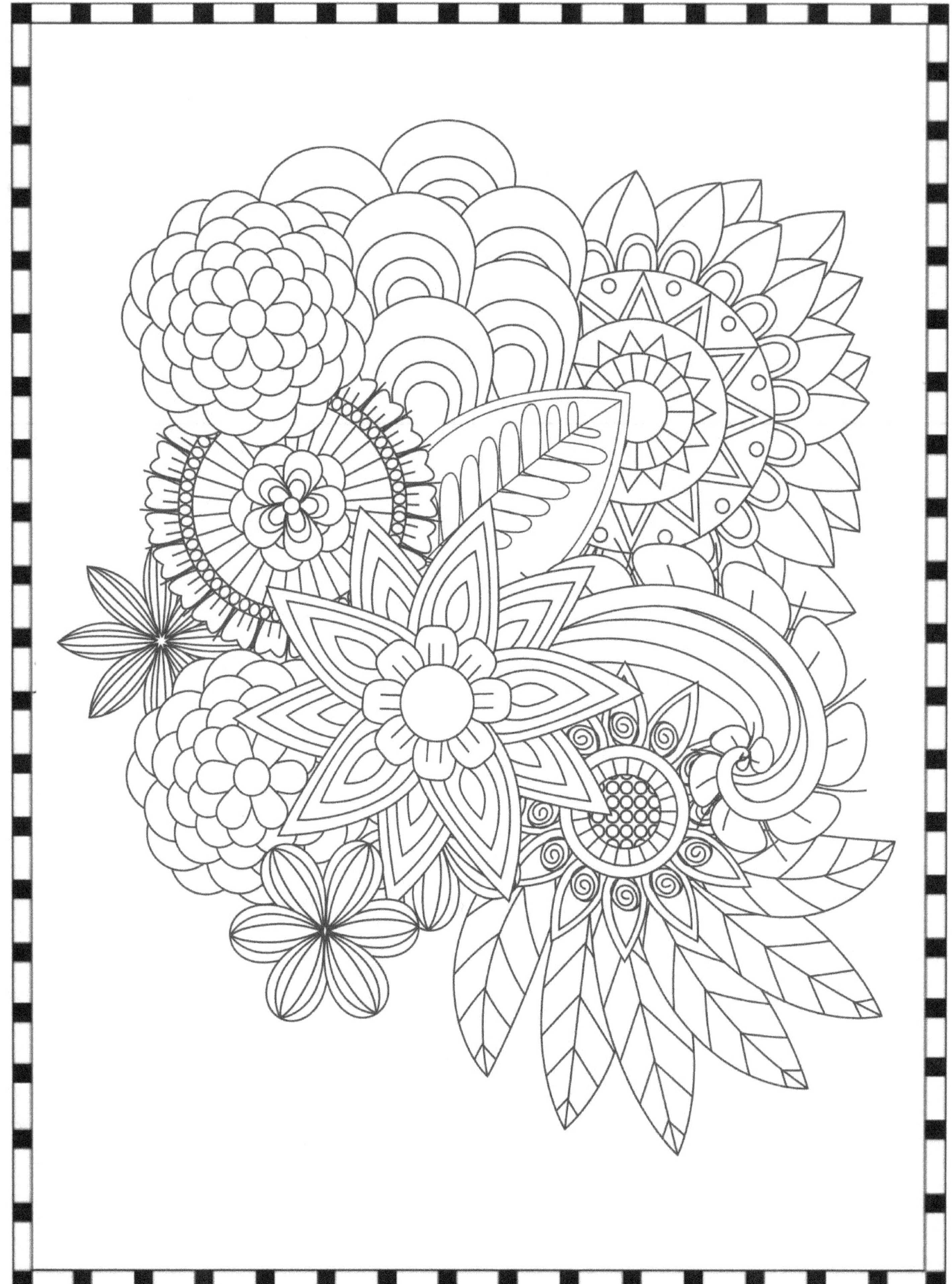

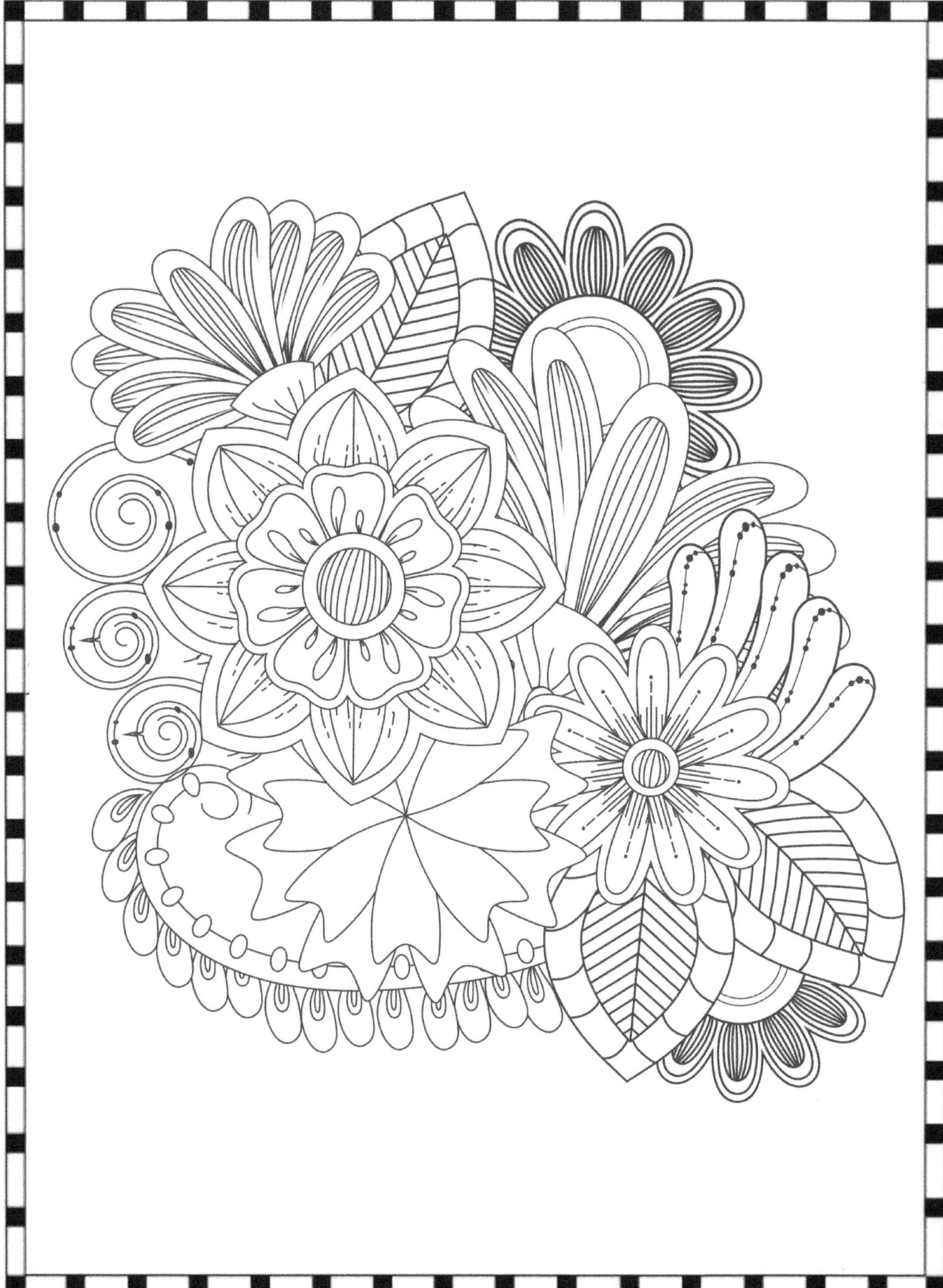

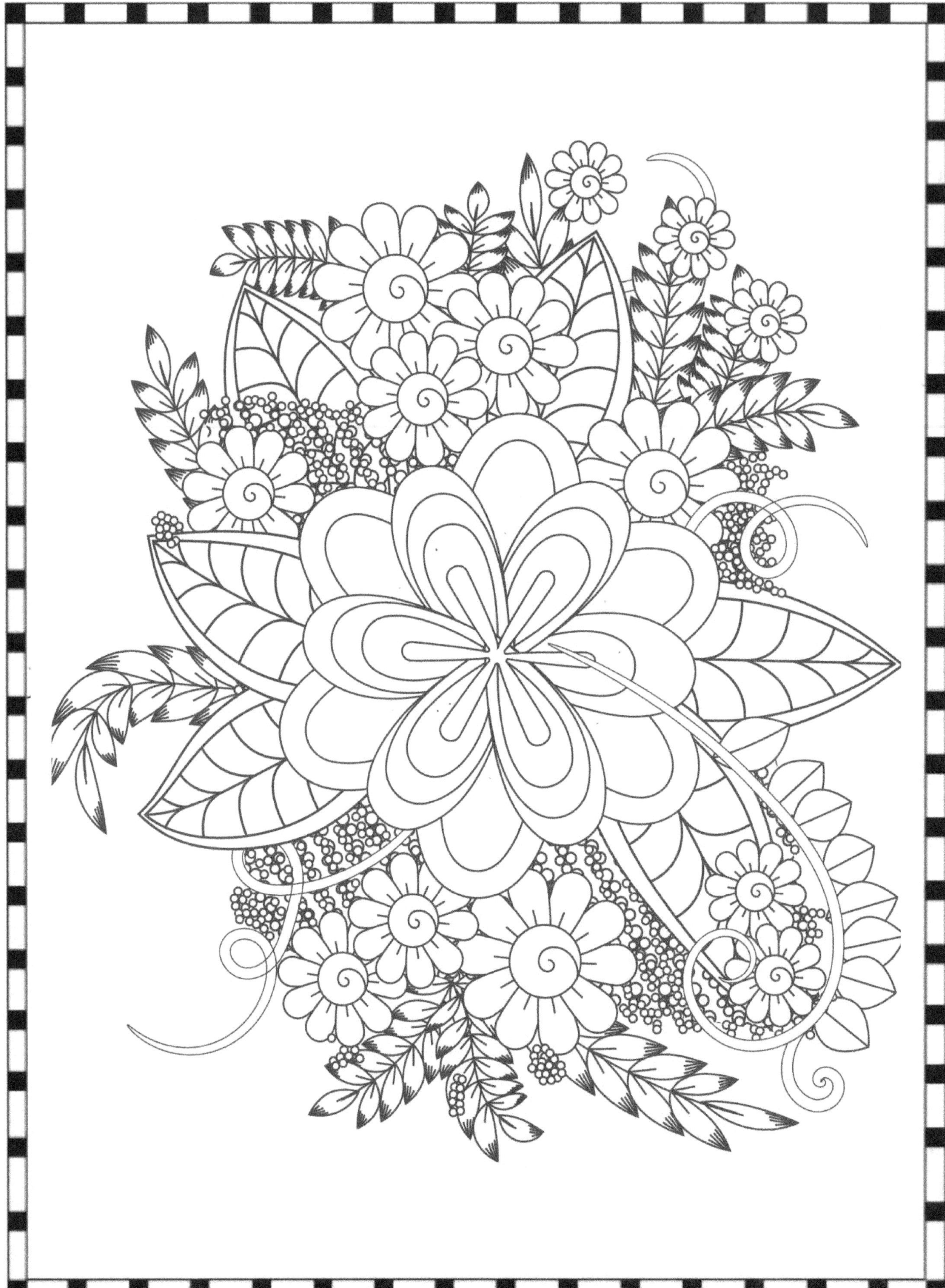

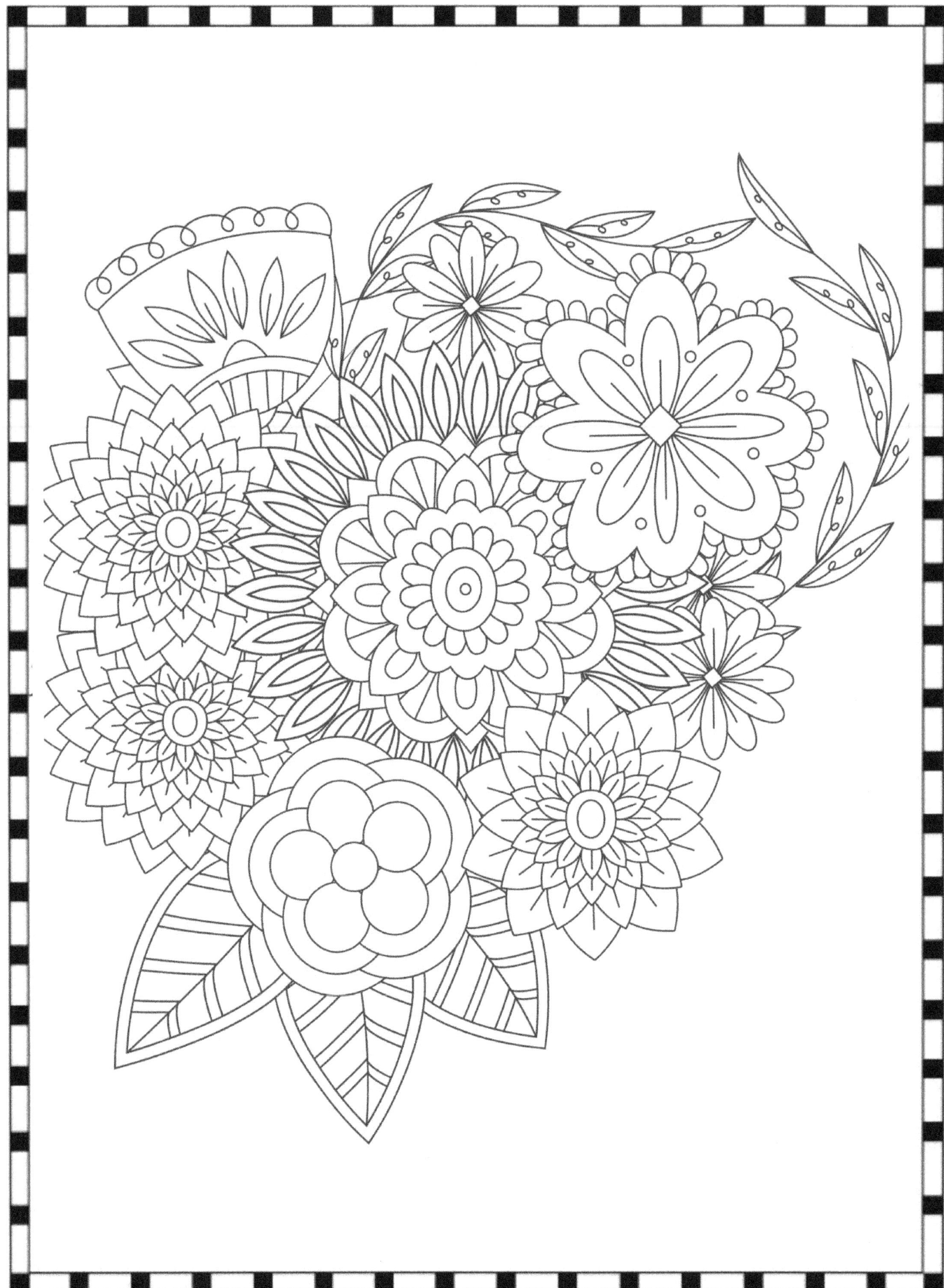

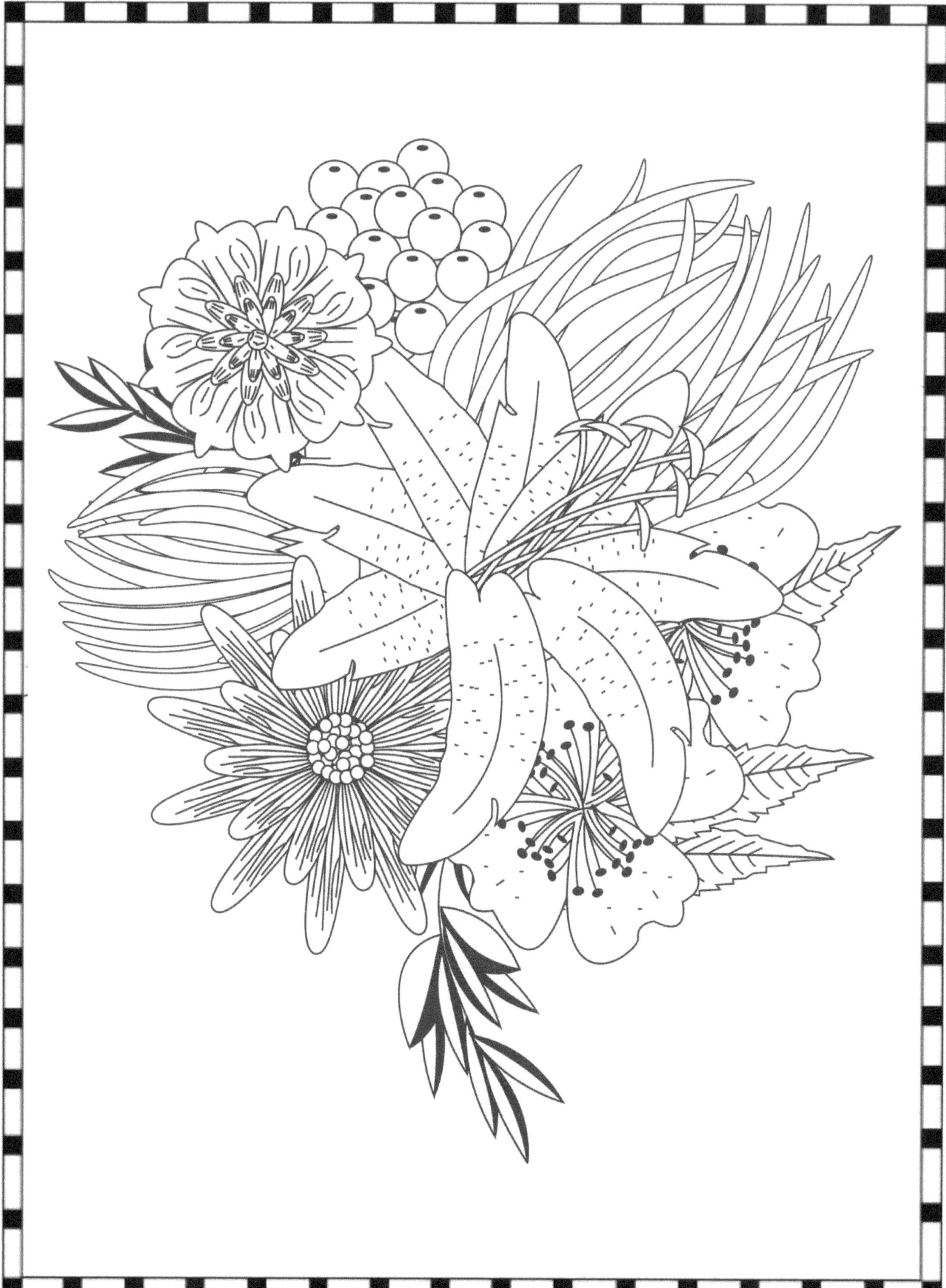

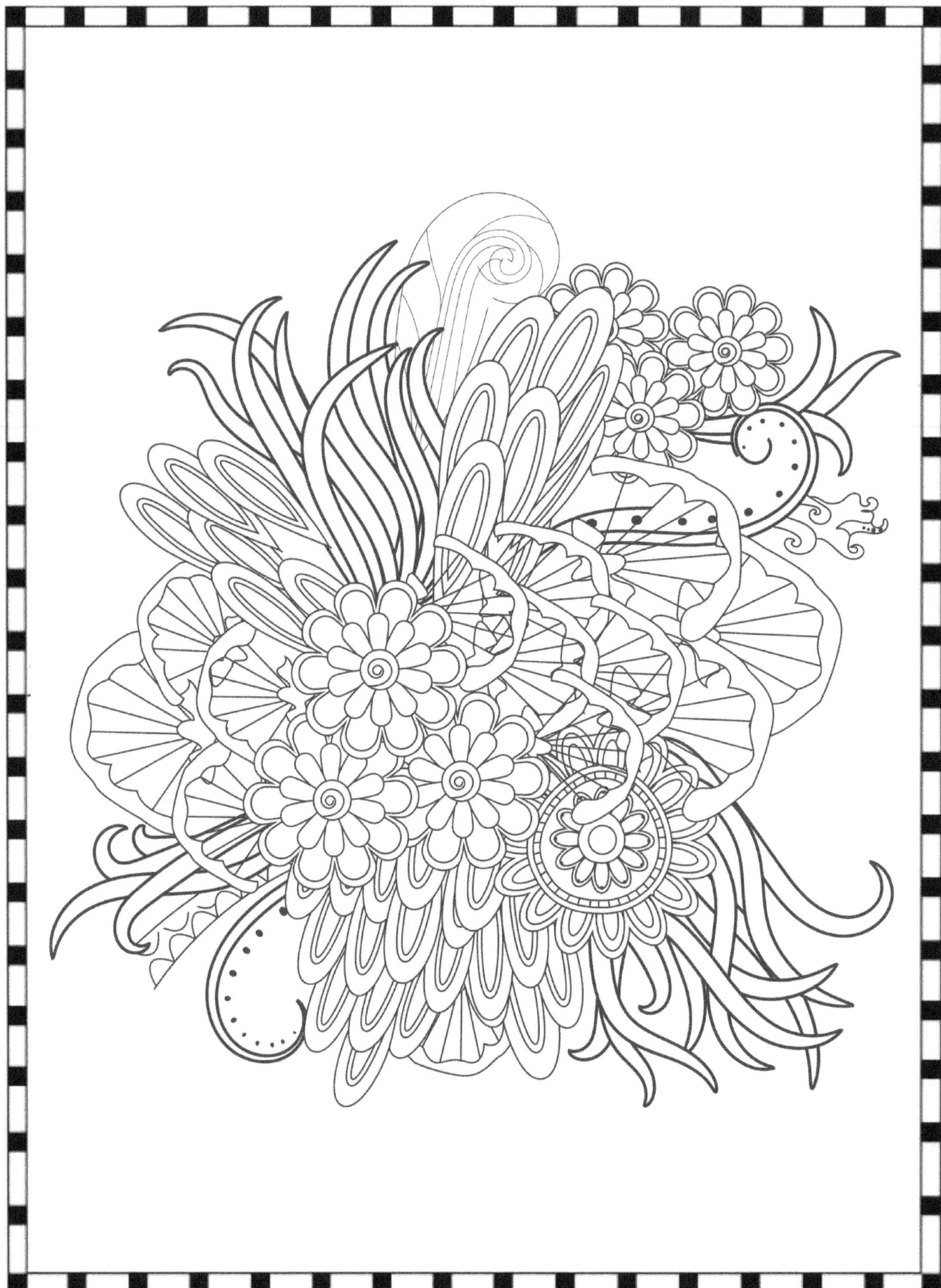

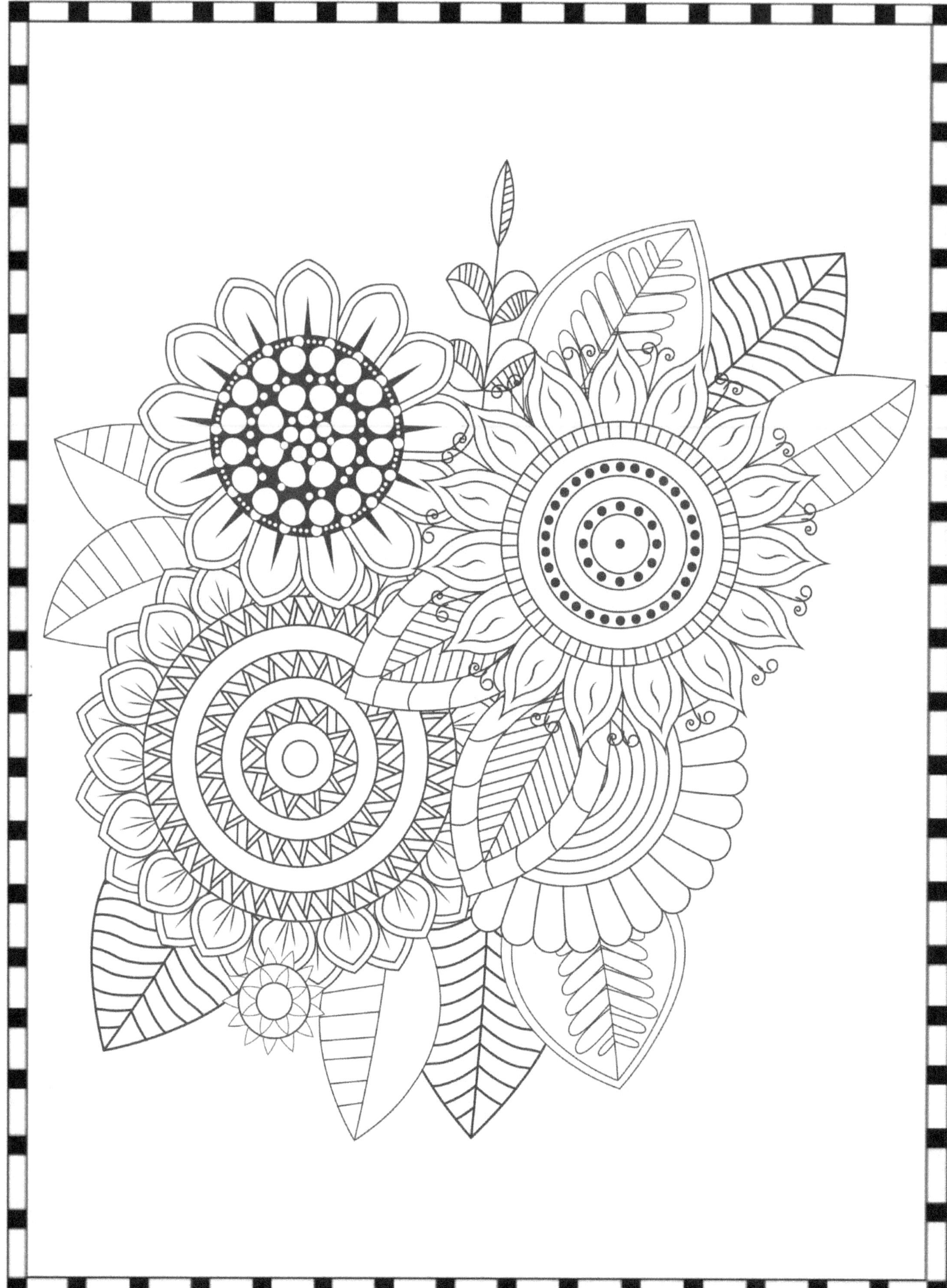

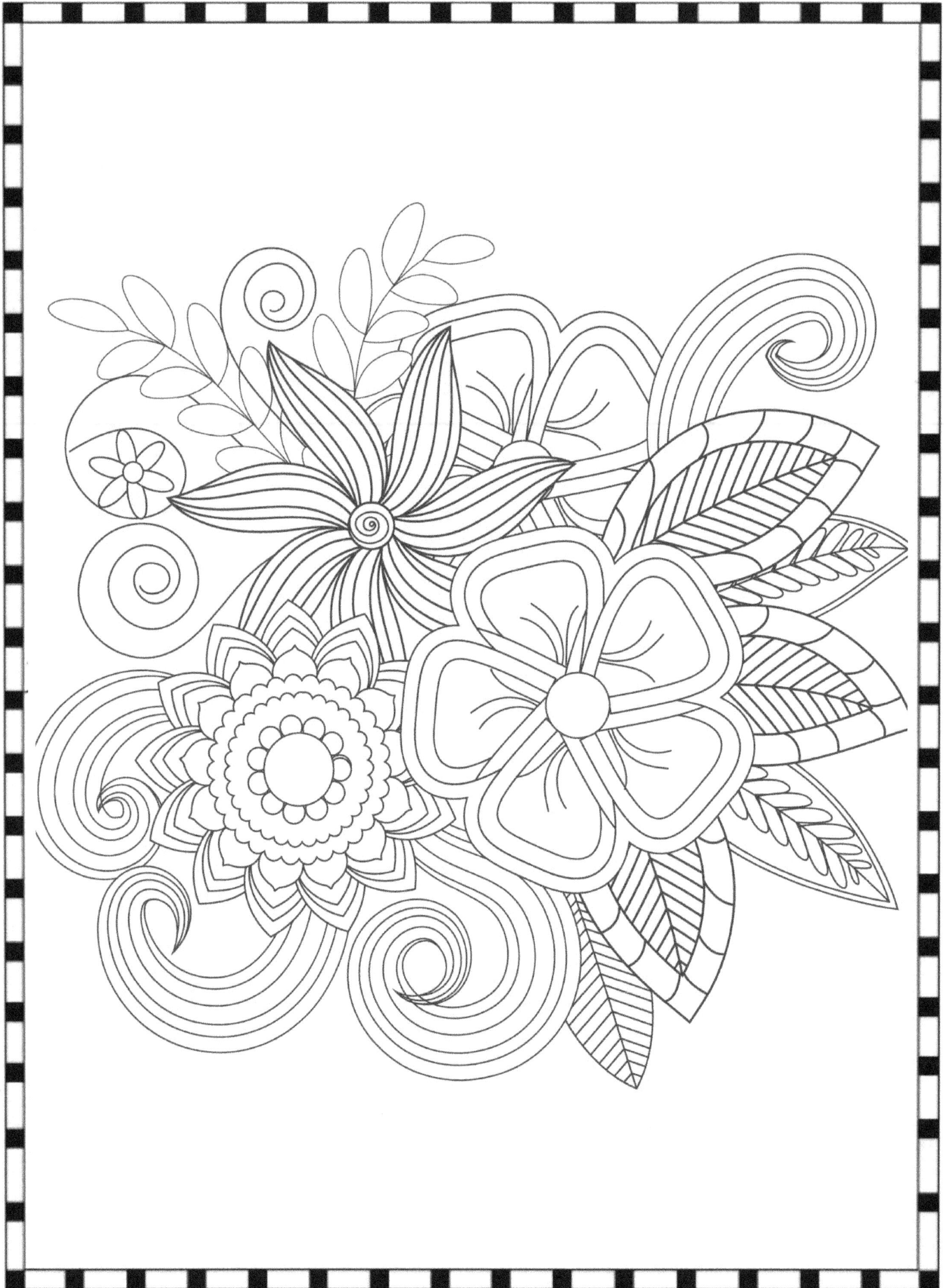

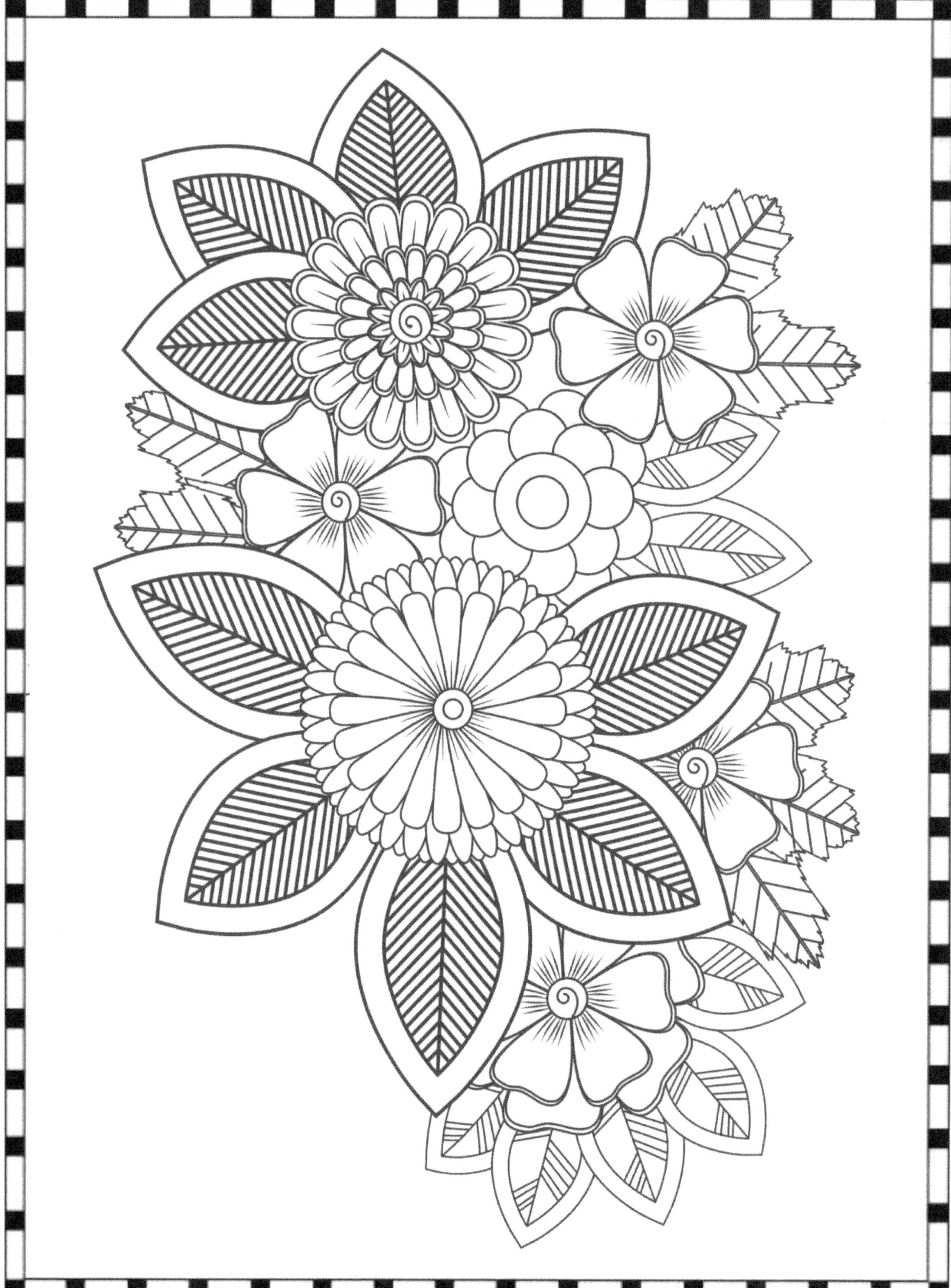

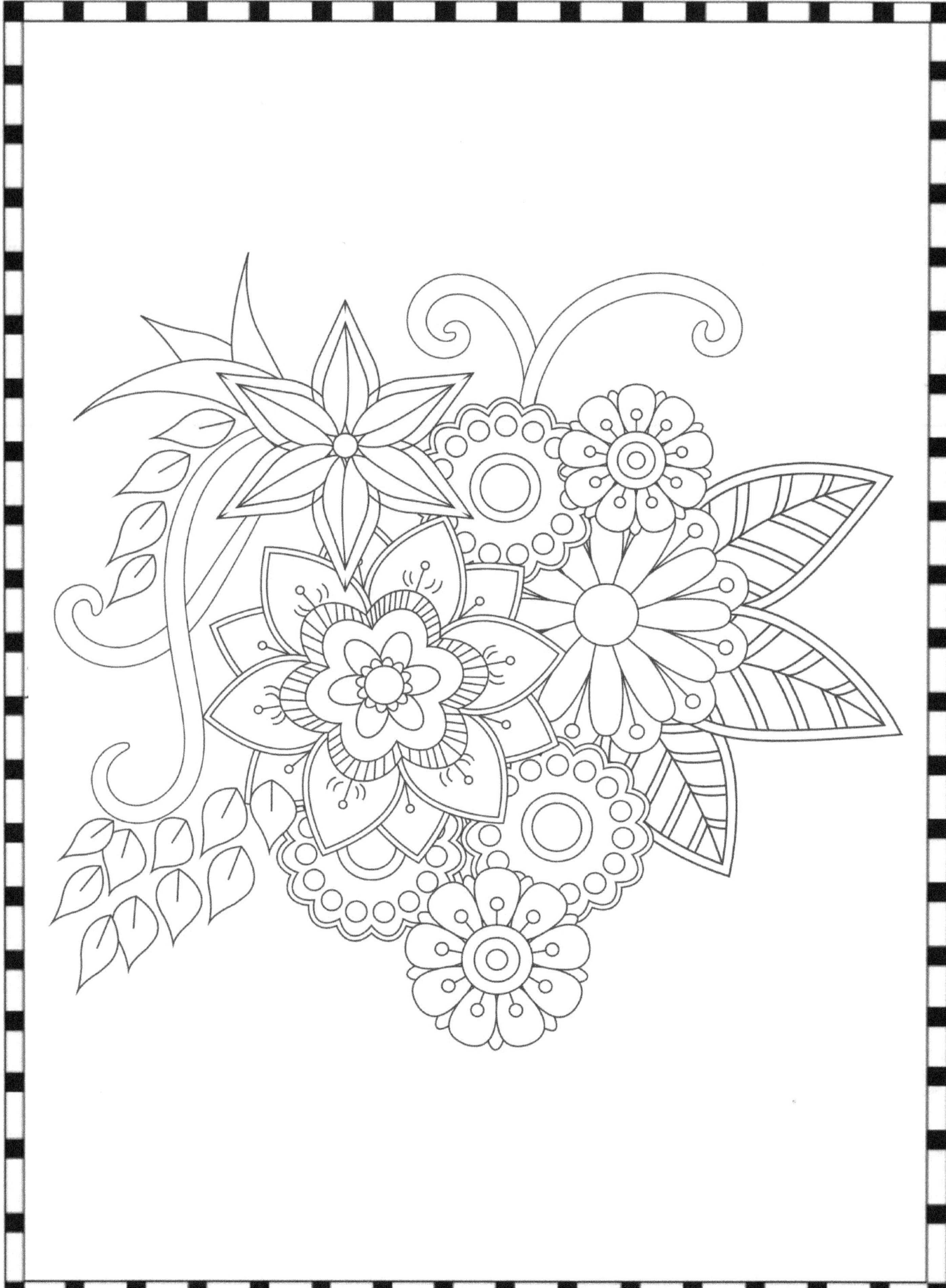

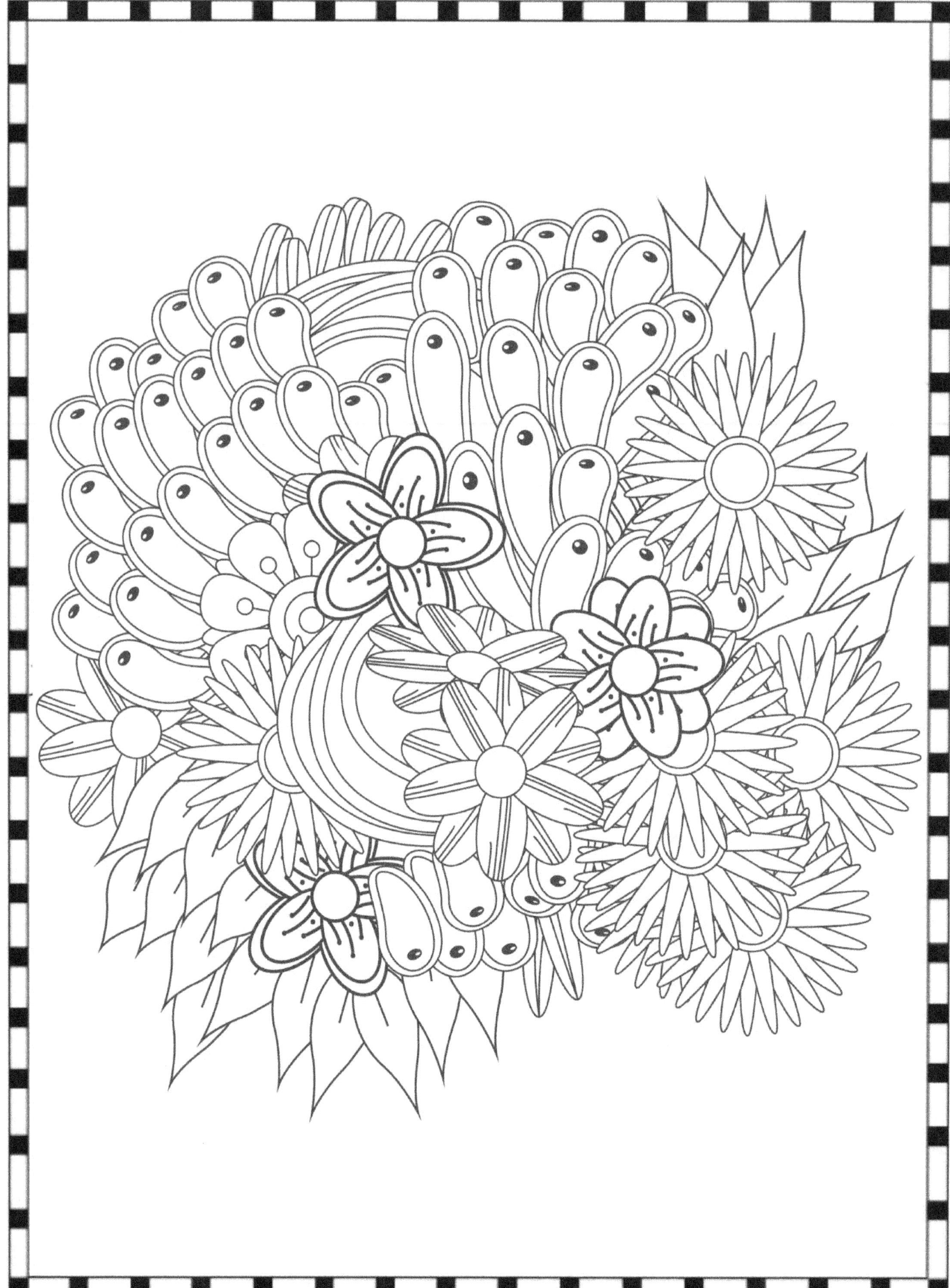

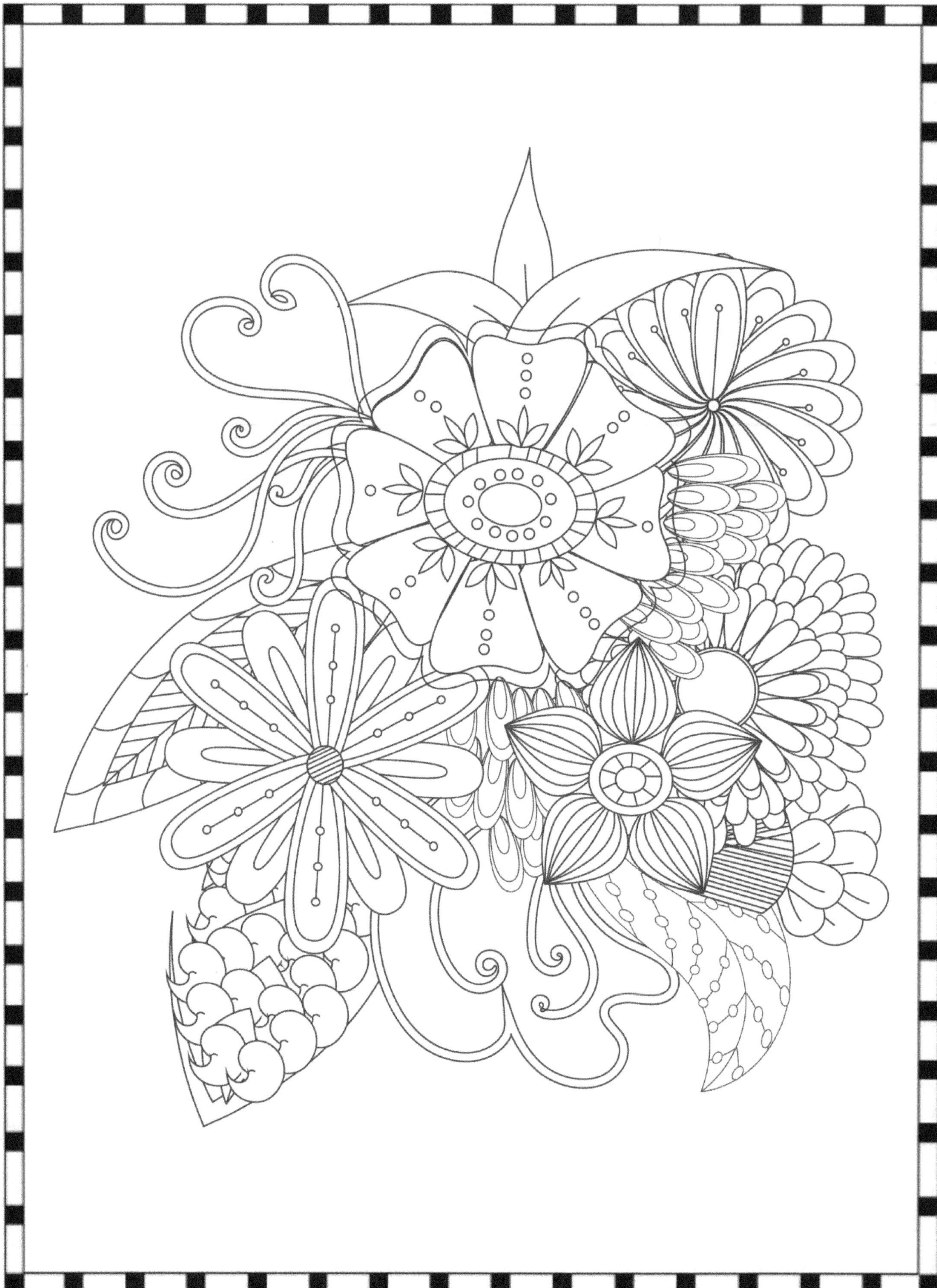

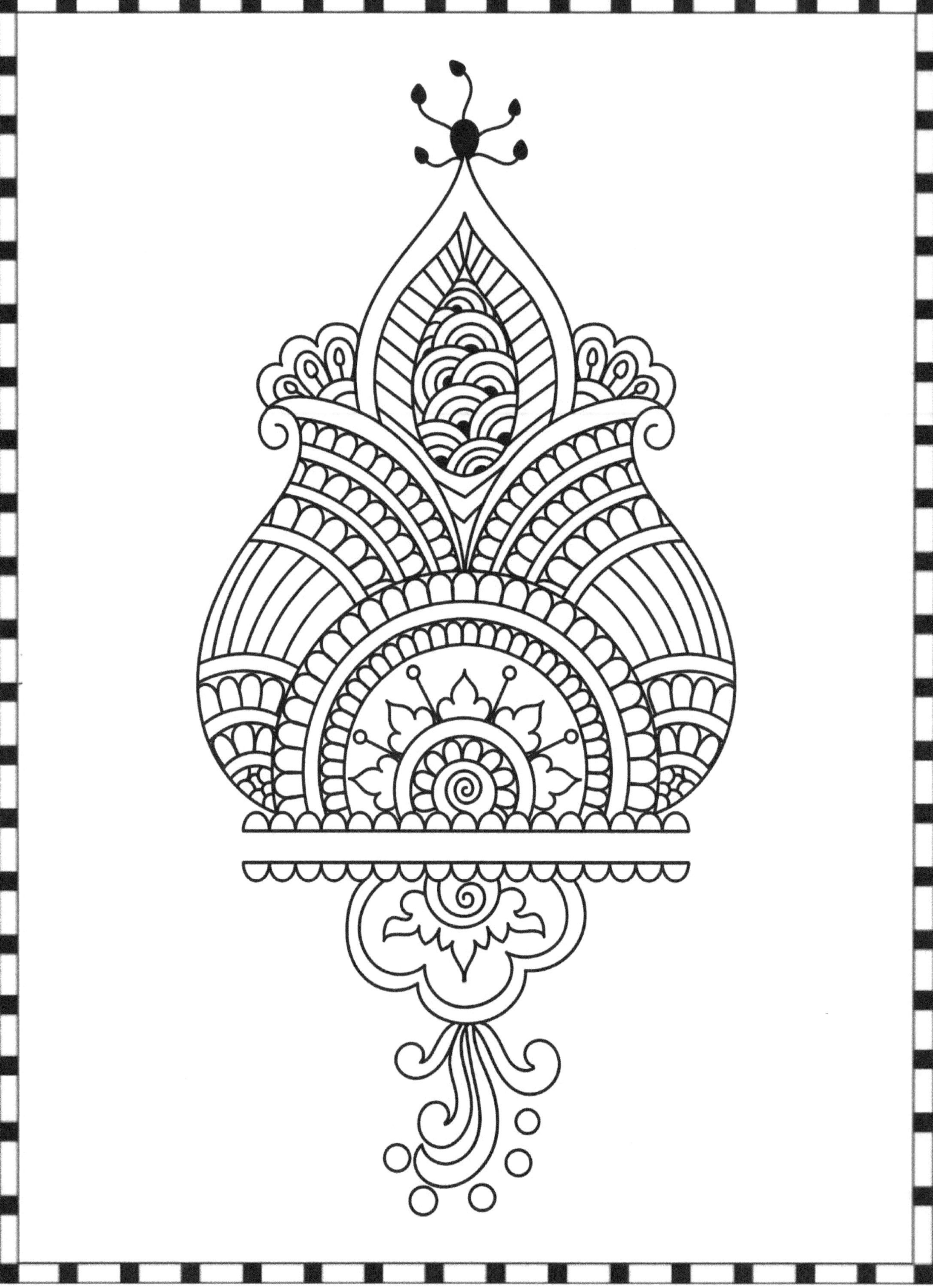

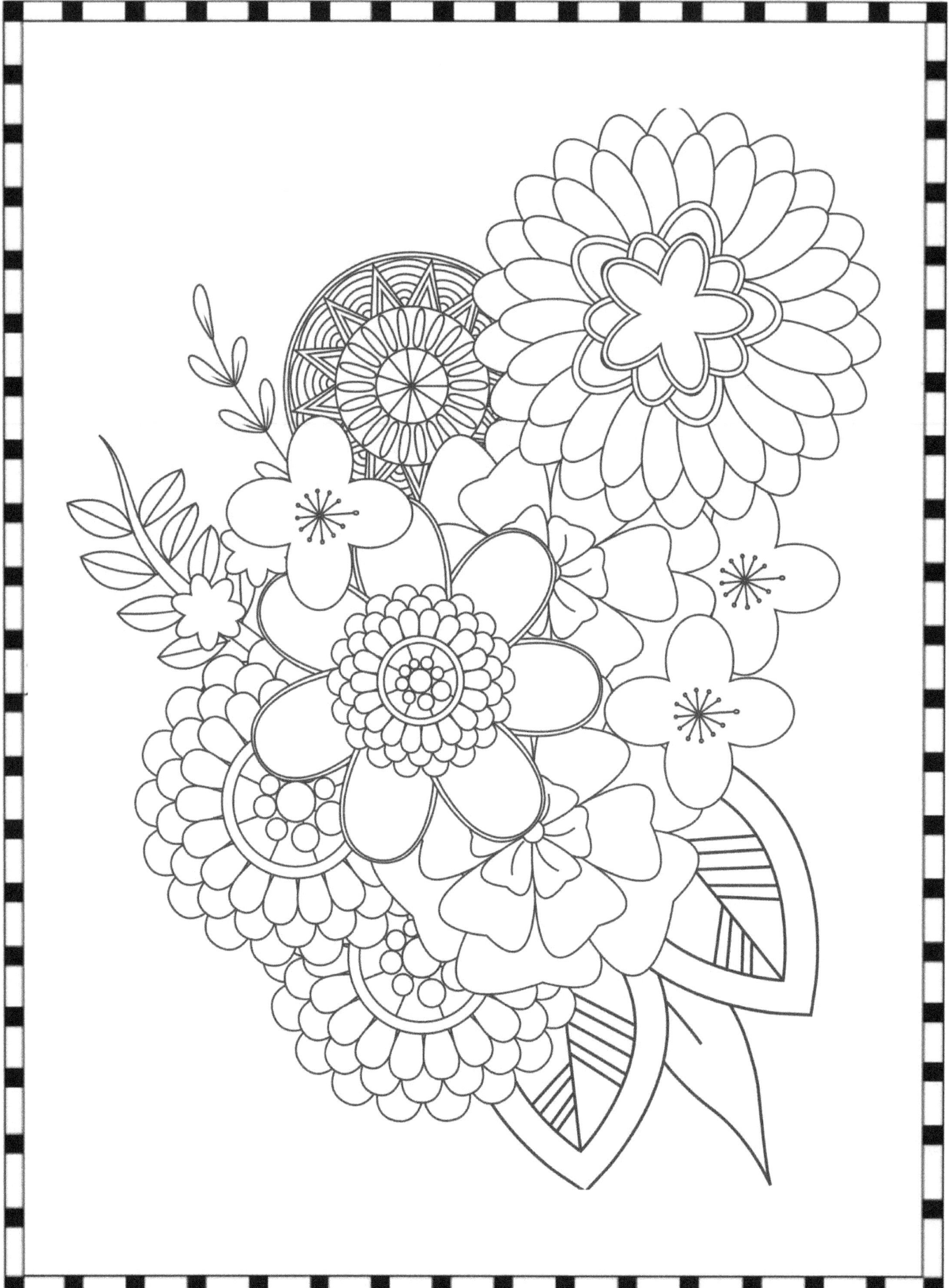

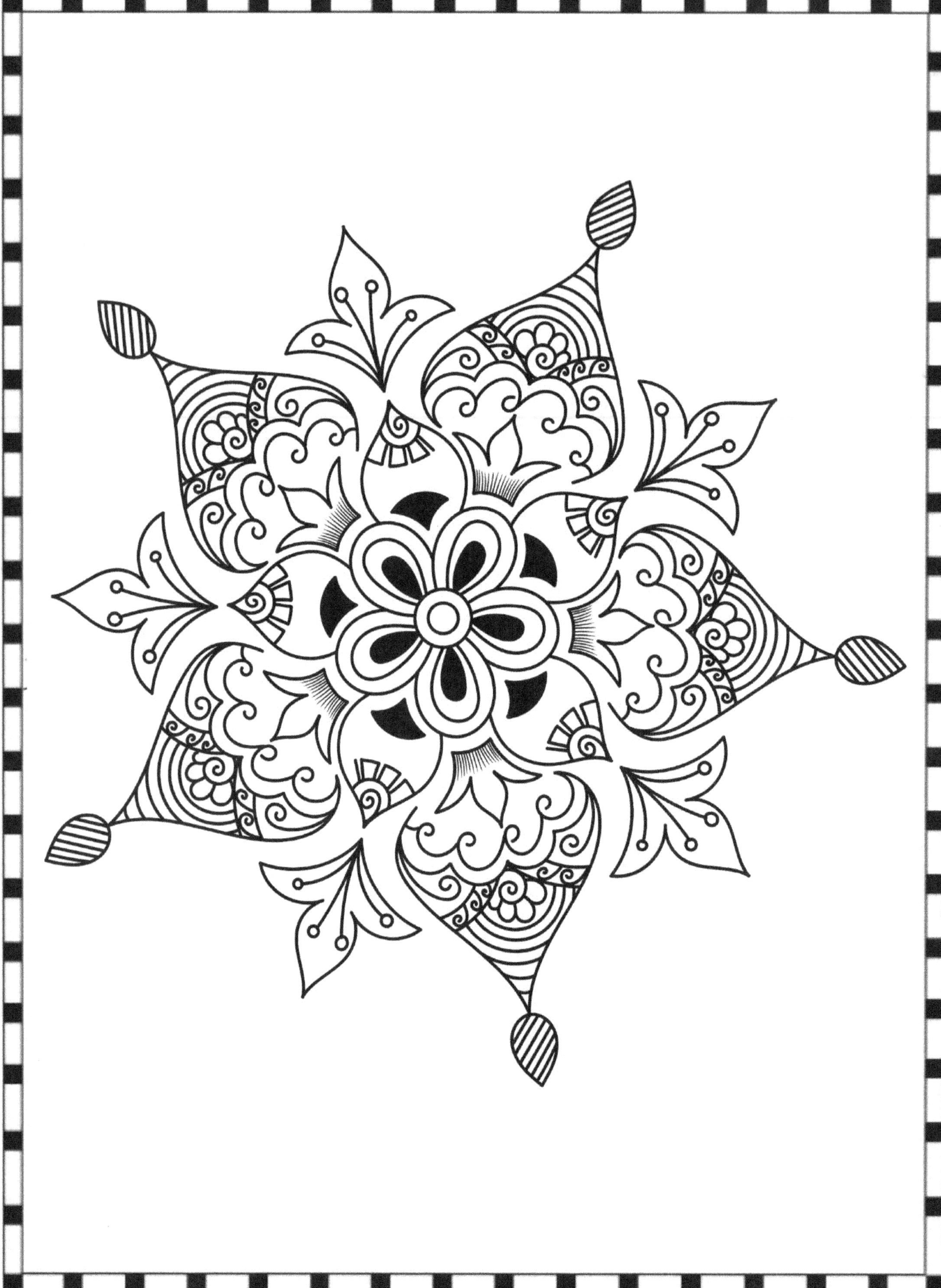

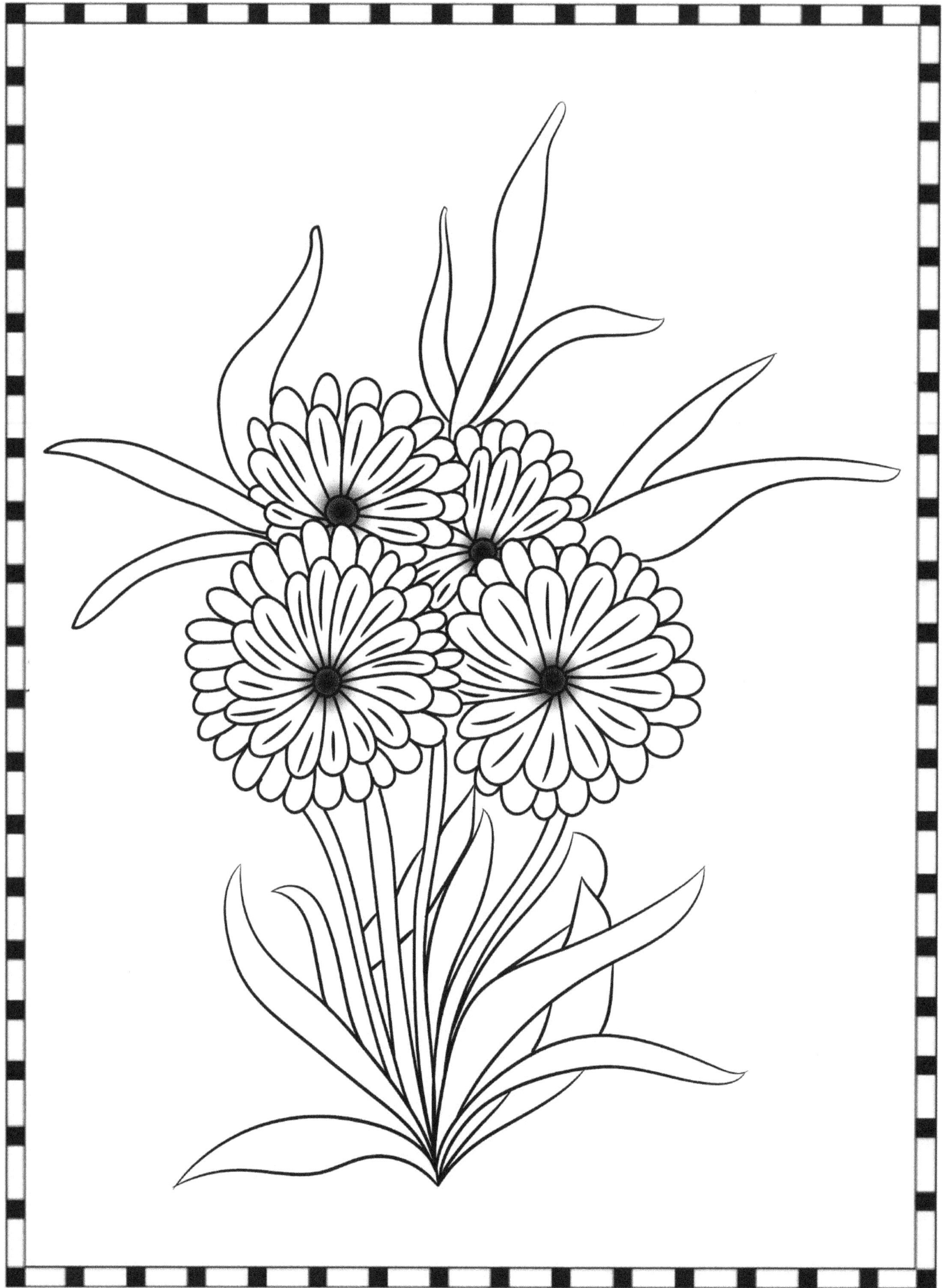

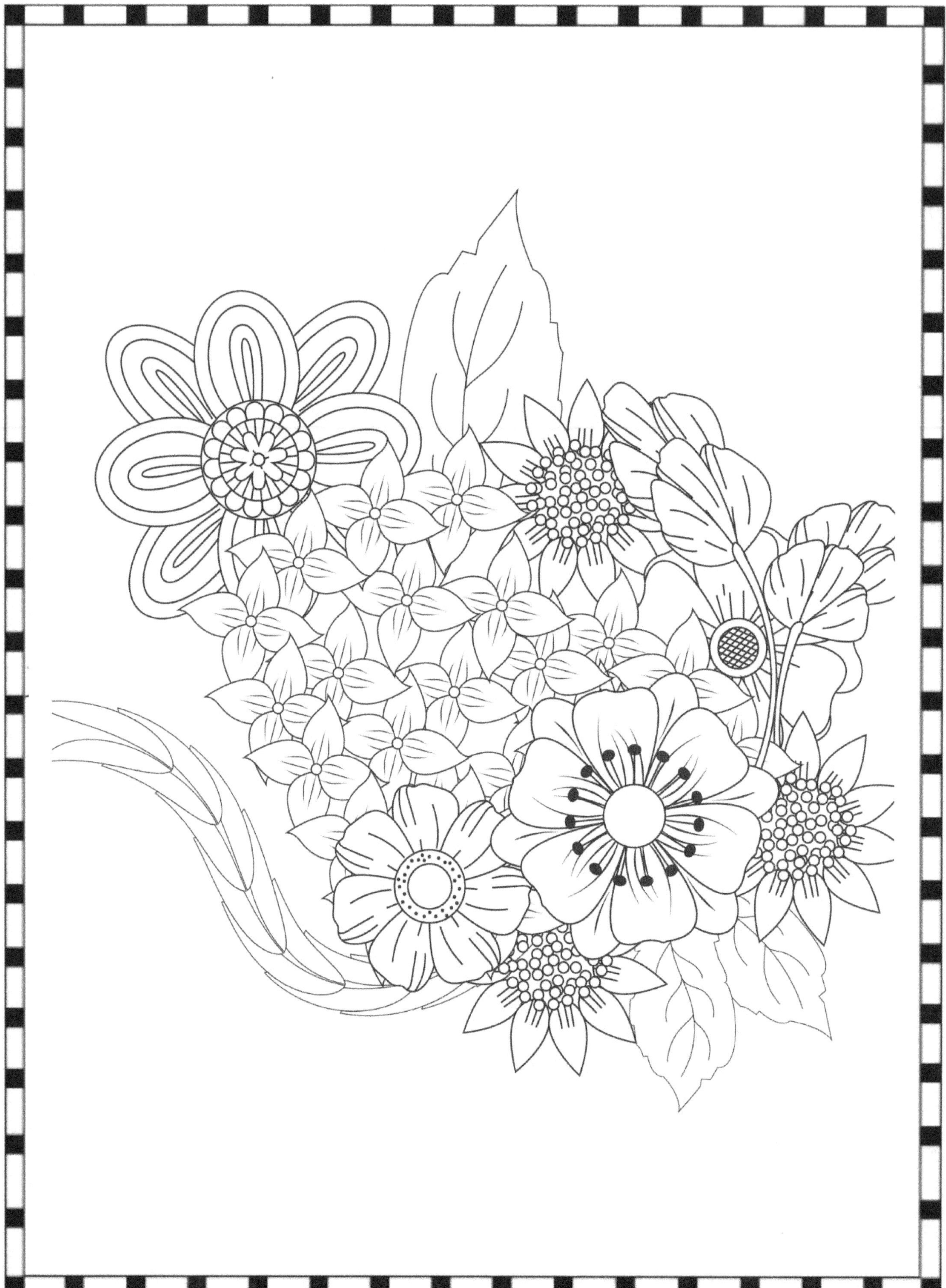

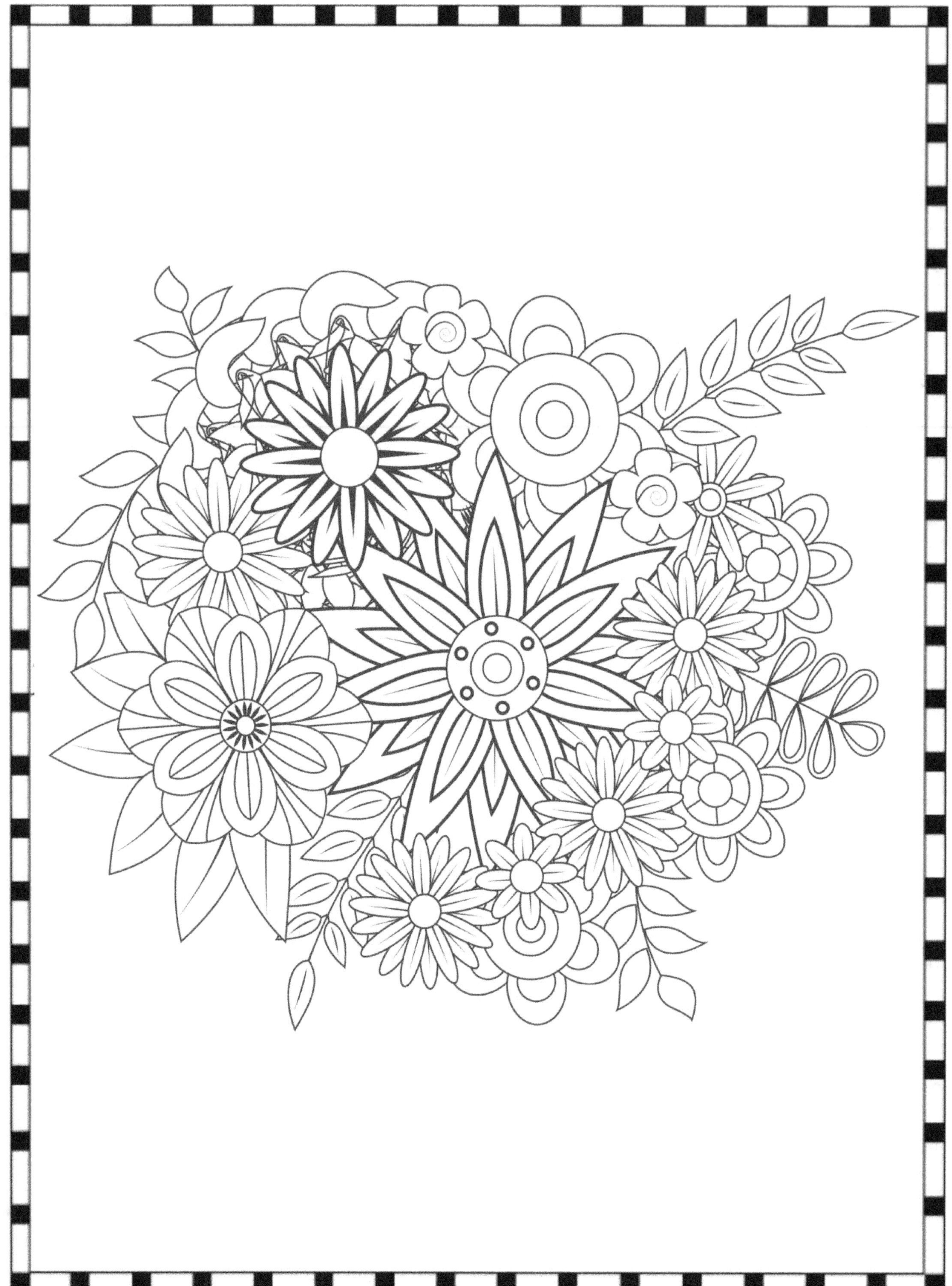

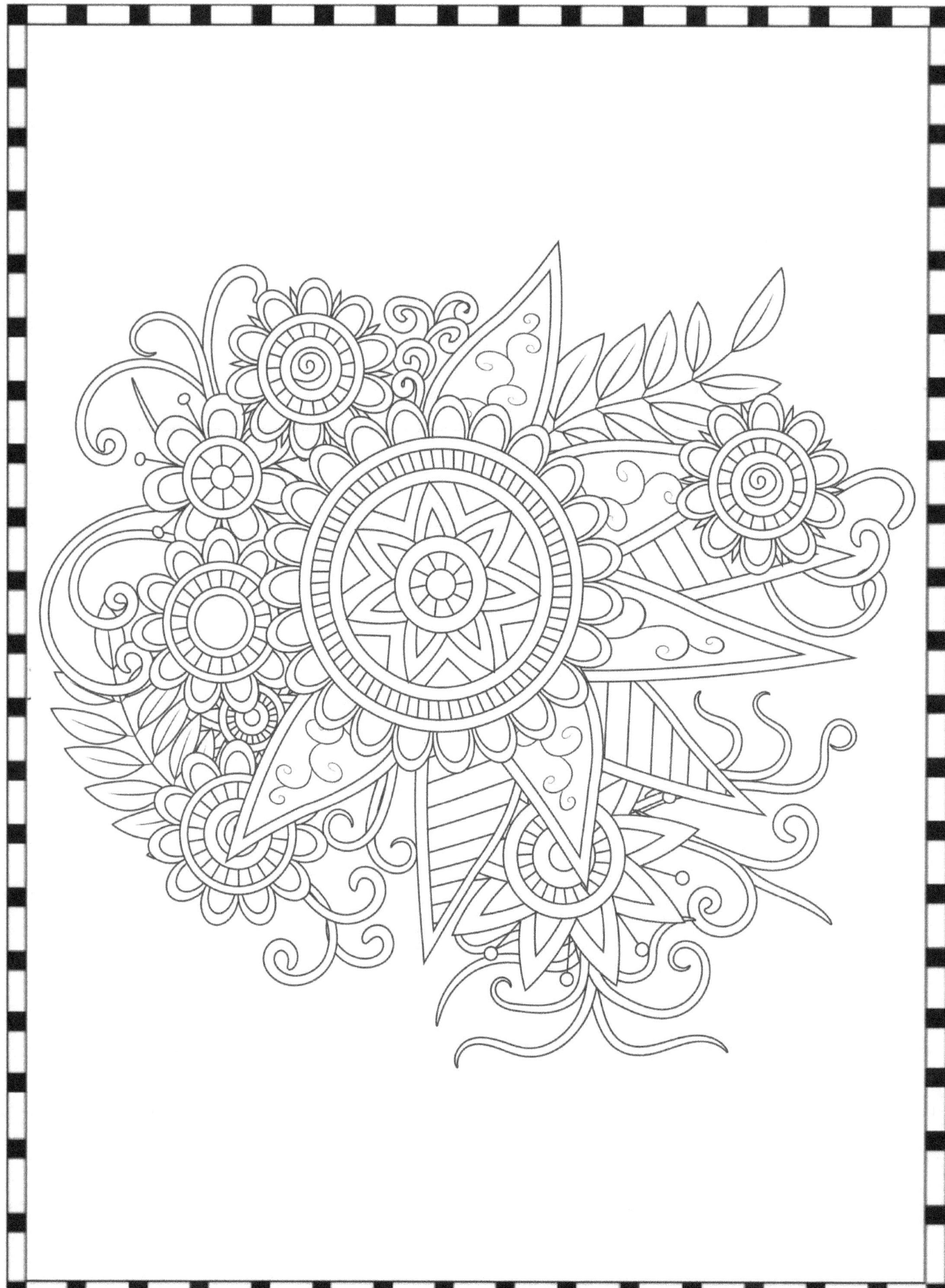

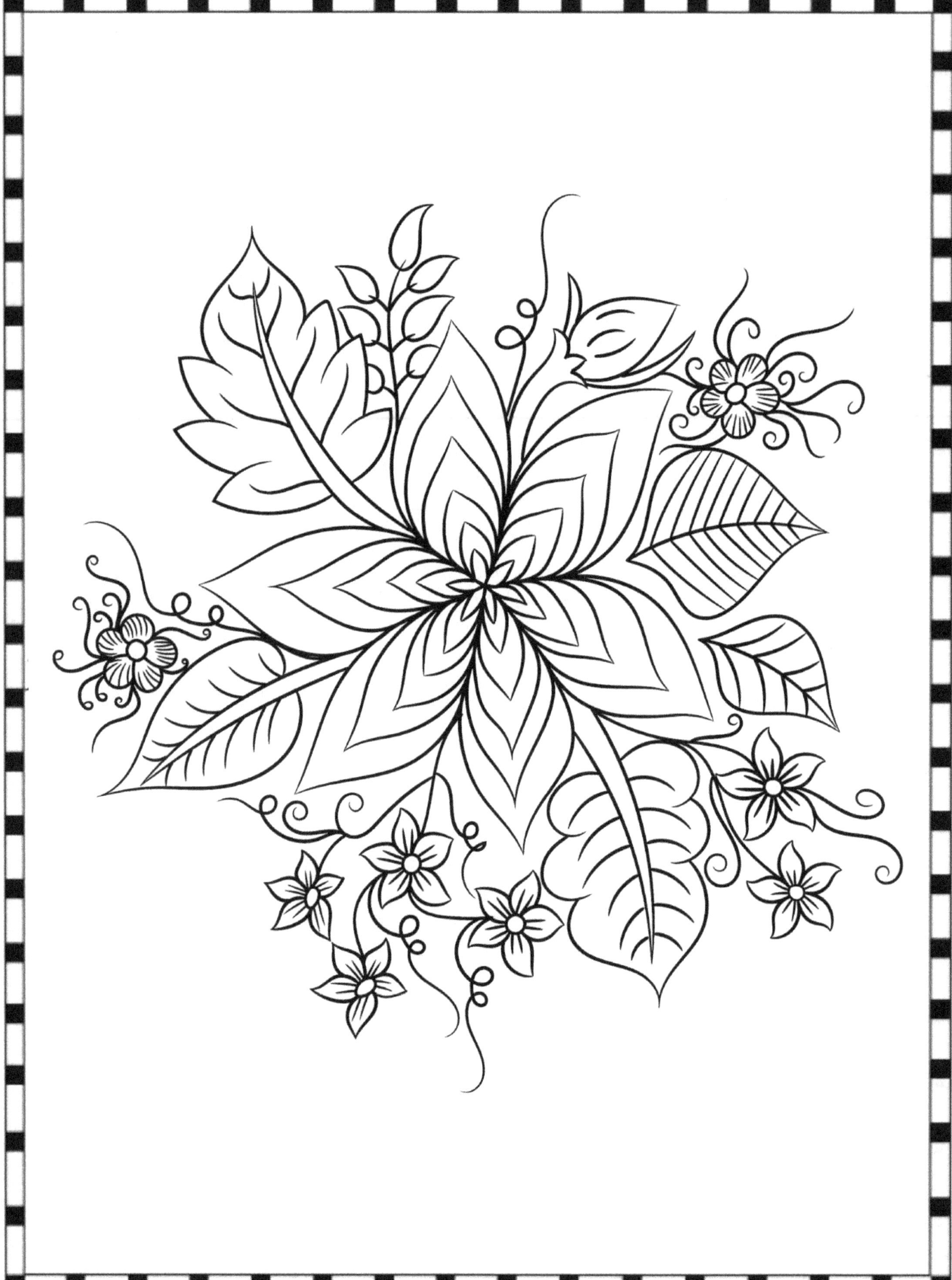

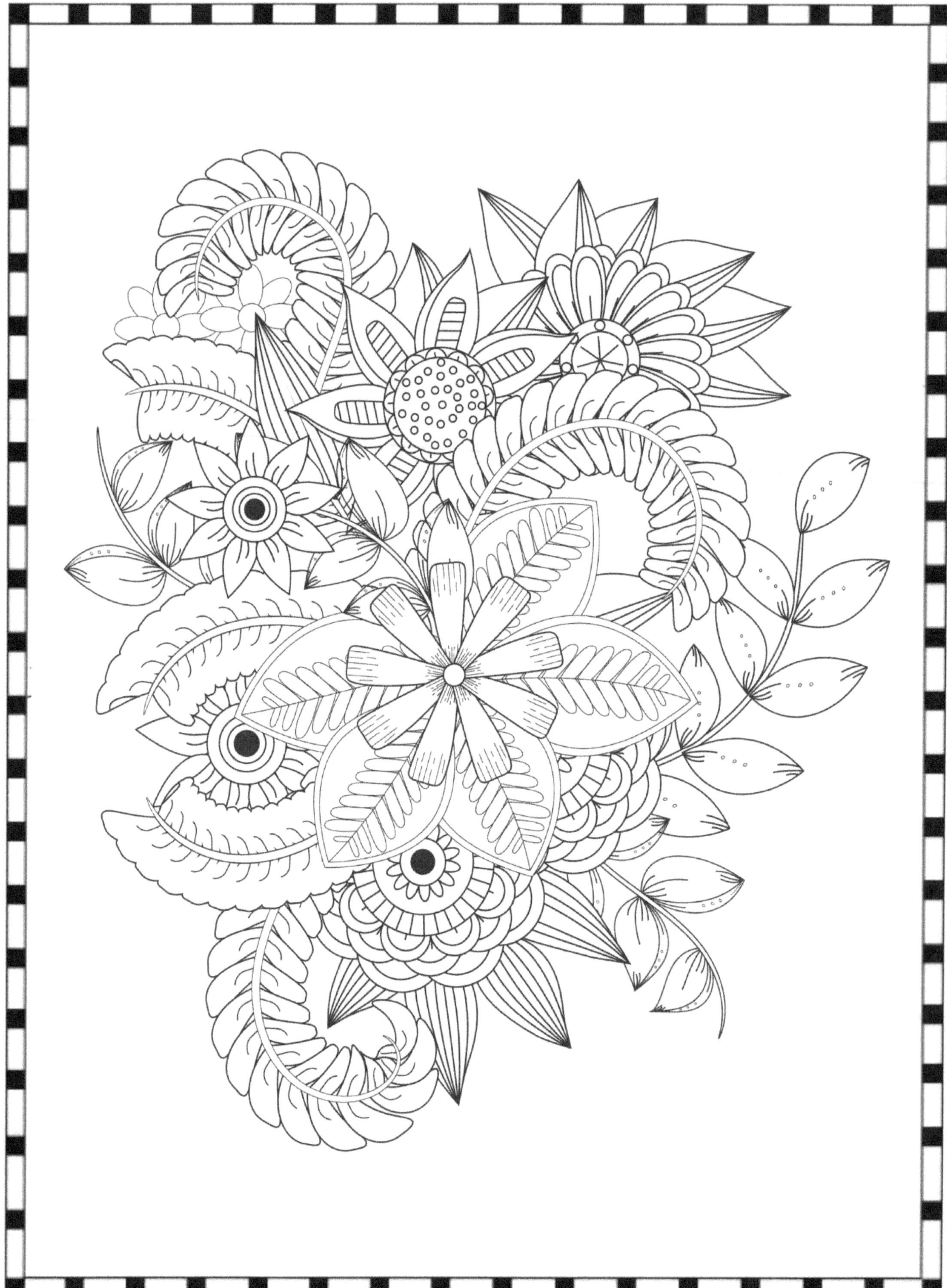